번역과 젠더

페미니즘 시대의 번역

번역과 젠더
페미니즘 시대의 번역

루이즈 폰 플로토우 지음

김세현 옮김

도서출판 동인

역자 서문

　플로토우의『번역과 젠더: 페미니즘 시대의 번역』은 라우트리지
출판사(Routledge)의 *Translation Theories Explored* 시리즈 중 하나
이다. 이 시리즈는 크리스티나 노르트(Christina Nord), 피터 포셋
(Peter Fawcett), 더글러스 로빈슨(Douglas Robinson) 등 번역학의 각
분야에서 명망 있는 학자들이 대거 참여한 개론서로 연구 영역별로
다양한 접근법을 소개하고 있는데, 먼저 역사적 맥락에서 일반적인
접근법을 제시한 다음 사례와 함께 주요 논쟁을 다루고 후속 연구 과
제를 제안하는 것으로 구성되어 있다. 플로토우의『번역과 젠더』역
시 이 같은 구성을 따르면서 번역학과 젠더 연구를 접목시킨 이론서
로서의 역할을 충실히 수행하고 있다.

　1장에서는 여성운동의 발전을 계기로 비롯된 번역과 젠더의 학
문적 발전사를 개괄한다. 가부장적 언어에 반발하며 다양한 문제를
제기했던 초기 페미니스트들과 이들의 관점을 소개하고 있다. 2장에
서는 페미니스트 번역가들이 언어유희, 몸 번역 등 실제 번역에서 실
시한 실험적인 작업들을 구체적인 사례와 함께 제시한다. 3장과 4장
에서는 2장에서 좀 더 발전된 형태의 젠더 의식적인 시도를 구체적으

로 소개하고, 고대 그리스의 사포·성경·보부아르 등을 다시쓰기 하는 과정에서 여성의 정체성을 주장하는 시도들을 선보인다. 그와 함께 근본적인 언어적 차이로 인한 한계도 인정하고 있다. 또한 후속 연구로 이어질 만한 흥미로운 관점들도 살펴볼 수 있다. 5장에서는 페미니즘 내외부의 비판적인 목소리를 언급하면서 저자의 균형 잡힌 시각을 엿볼 수 있다. 마지막 6장에서는 향후 연구 과제를 다각도로 조명하면서 번역과 젠더 분야의 연구를 독려하고 있다.

저자인 플로토우는 셰리 사이먼(Sherry Simon)과 함께 '번역과 젠더' 분야의 대표적인 학자로, 캐나다 오타와대학교 통번역대학 교수이자 독일어와 프랑스어 서적을 영어로 번역하는 문학번역가로도 활동 중이다. 저자의 대표 저서인 『번역과 젠더』는 사이먼의 『번역에서의 젠더』(*Gender in Translation*, 1996)와 더불어 대표적인 번역학 내 젠더 연구 개론서로 평가된다.

하지만 이 책이 처음 출간된 지 20년이 지나고서야 번역서가 발간되는 것은 '번역과 젠더'에 대한 우리나라 번역학의 연구 현실을 방증하는 셈일 것이다. '번역과 젠더' 연구는 20년째 제자리걸음이지만 그만큼 연구의 지평을 확장할 여지가 많은 것도 사실이다. 이번 역서를 계기로 번역학을 비롯해 여타 학문분야 연구자들이 후속 연구를 이어가며 '번역과 젠더' 분야가 꾸준히 개척되고 발전할 수 있기를 바란다.

감사의 말

필자와 출판사는 다음 자료들을 이 책에 사용할 수 있도록 허락해 주신 분들께 감사의 말씀을 전하고자 한다.

『그리스 서정시』(*Greek Lyrics*, 1949)에 수록된 리처드 래티모어(Richard Lattimore) 번역의 사포(Sappho)의 시 「가장 아름다운 것을 보았다는 이들이 있네」, 시카고대학교 출판부와 리처드 래티모어.

『르네상스와 종교개혁기의 여성 작가들』(*Women Writers of the Renaissance and Reformation*(카타리나 윌슨Katharina Wilson 편집, 1988)에 수록된 잔느 프린(Jeanne Prine) 번역의 루이즈 라베(Louise Labé)의 시 「밝은 비너스」, 조지아대학교 출판부.

『달콤쓸쓸한 에로스』(*Eros the Bittersweet*, 1986)에 수록된 앤 카슨(Anne Carson) 번역의 사포의 시 「내게는 그가 마치 신과 같다네」, 프린스턴대학교 출판부.

서문

　　젠더와 번역에 관한 이 책은 문화적 구성물로서의 젠더에 대한 페미니즘적 탐색, 문화전이로서의 번역에 대한 필자의 관심에서 비롯하여 발전된 것이다. 지난 30년에 걸쳐, 그리고 여성운동의 결과로 젠더 문제는 언어의 문제와 얽히게 되었다. 같은 기간 동안 번역학 역시 문화연구 쪽으로 다소 선회하여 발전해왔다. 번역적 젠더관계의 복잡성과 그에 따른 비판적인 작업이 이 책의 주제이다.

　　젠더 연구와 번역학 두 학문 모두 학제 간 연구가 이루어지는 분야다. 이 두 분야가 서로 관계를 맺을 때, 수많은 이슈가 교차하게 된다. 문화적 젠더 차이, 언어에서 이러한 차이의 발현과 수립, 번역이라는 수단에 의해 젠더 조건이 상이한 타문화 공간으로의 이들의 전이하기 등이 이에 해당한다. 제도 내에서 젠더 정치가 갖는 중요성에 대하여 질문이 제기되고, 번역가와 비평가의 젠더 소속이 이슈가 된다. 물론, 언어는 두 연구 분야와 상당한 관련이 있다. '가부장적 언어'에 대한 논의는 젠더에 관한 페미니즘적 연구에서 중요한 역할을 수행해왔고, 언어 전이는 번역학에서 논의되는 기본 요소이다. 페미니스트 사상가들과 '정치적 올바름'(political correctness)에 대한 대응이 언어에 부여한 정치적 비중을 고려해볼 때, 젠더가 번역에서 이슈가 되어야 함은 자명하다.

비록 젠더 연구와 번역학이라는 학문적 영역의 시대가 비슷할지 몰라도, 두 학문의 발전이 평행을 이루지 않았다는 점은 주목할 만한 대목이다. 번역학은 80년대 이후 유럽에서 급속한 발전을 보였는데, 이러한 발전은 상이한 언어집단 간의 문화적·경제적 교환을 장려하는 정치적·경제적 환경으로 인해 조성된 것이다. 이는 공식적인 이중언어 정책으로 인해 번역뿐 아니라 번역에 관한 학술 연구가 촉발된 캐나다에서도 마찬가지다. 하지만 미국의 경우, 활발하게 활동하는 다수의 개인의 노력으로 번역학의 가시성이 최근 현저히 높아졌지만 번역학은 여전히 다소 미미한 역할에 그치고 있다.

젠더 연구는 이와는 다른 양상으로 발전해왔는데, 북미에서 그 영향력이 가장 크다. 1960년대 후반에 시작되어 학계와 공공생활뿐 아니라 '상류'문화와 대중문화에도 영향을 준 '페미니즘의 시대'는 당시 세대의 역사적·학문적 맥락을 형성함에 있어 중추적인 역할을 해 왔다. 페미니즘적 연구는 거의 모든 학문에 진입해 영향을 끼쳤다. 반면, 유럽 대부분 지역의 경우 젠더 연구에 대한 학문적 관심이 낮았다. 젠더에 관한 대다수의 학문적 연구가 북미지역에서 수입, 번역되고 있지만 유럽의 상황에 특정한 연구를 조장할 만한 젠더 연구, 여성학 과정 등은 찾아보기 어렵다.

필자의 목표는 이러한 두 학문을 결합하여, 번역학 학생들이 이질적인 두 학문의 정보를 접할 수 있도록 하는 것이다. 젠더 문제와 번역학의 연결고리와 상호 접점을 기술함으로써, 정보를 제공하고 논의를 촉발시켜 두 분야의 교차점에서 더 많은 연구가 이루어지길 기

대한다. 이러한 목표는 필자가 젠더인식이 국제적인 논의나 연구, 의사소통에 얼마만큼 영향을 주는지 입증하고 있으므로, 페미니스트 행동주의 의제를 나름 반영하고 있다. 동시에 문화연구—문화 간, 그리고 문화 내 개인 간의 차이—와 번역이 상호이해와 상호작용을 조장하기도, 저해하기도 하는 방식에 대한 학문적 관심도 반영한다.

이 책을 쓰면서, 필자는 주로 북미에서 수집한 다양한 문헌을 취합했다. 미발표 자료를 다수 사용하기도 했는데, 이 중 대부분이 유럽 자료이다. 이러한 자료들은 1995년 프라하에서 열린 유럽 번역학회(European Society for Translation Studies, EST) 학술대회를 위해 준비된 것이다. 필자는 그 학술대회에서 '젠더와 번역' 세션을 기획하고 좌장을 맡았다. 해당 자료들은 학술대회 논문집에 실리지 않았기에 널리 인용되는 것이 중요하다고 판단했다.

물론 필자의 관점은 필자 자신의 경험과 한계—이중 언어를 구사하고, 이민자로서 이중 문화를 배경으로, '페미니즘 시대'의 불문학, 독문학, 퀘벡 문학, 그리고 문학 번역을 연구하는 북미인이라는—로 정의된 것이다. 예를 들어 스칸디나비아 국가에서 진행된 연구처럼, 분명 필자가 참조할 수 없었던 연구가 많이 있다. 하지만 필자가 접한 동시대 자료의 양은 개괄적인 내용을 제공하기에는 충분했다. 이 책은 총 7장으로 나뉘는데, 여성운동이 언어를 어떻게 문제 삼았는지 개괄하며 역사적 측면에서 도입부를 시작한다.

제2장에서는 페미니즘적 사고와 글쓰기가 동시대의 번역 실천에 미친 영향을 고찰한다. '몸' 번역과 페미니스트 언어유희 또는 문화적 지시체 번역과 같은 다수의 '기술적'(technical)인 문제를 살펴보겠다. 여기서는 정치적으로 문제시되는 자료의 검열관이라는 번역가

에 대한 문제도 제기되는데, 이는 '페미니즘 시대'의 번역가들이 미심쩍은 텍스트에 대한 저항이라는 형식을 발전시켰기 때문이다. 이 장은 '상실된' 여성 작가의 번역과, 그러한 작품을 읽는 전통이 부재하기에 이들 작가의 '가독성' 문제도 다룬다.

제2장에서는 논의한 실제적인 문제들이 번역에서 좀 더 추상적인 문제에 영향을 주었으므로 제3장의 주제는 이론적인 발전이다. 번역과 관련 있는 젠더 의식이 번역가가 일상적으로 수행하는 '비가시적'인 역할에 대한 수정을 야기했기 때문이다. 번역가들은 자신이 번역하는 페미니스트 작가들로부터 본받아, 자신의 정체성을 주장하고 번역 작품에 주체적 측면들을 정당화시키기 시작했다. 그로 인한 번역 관계에 대한 담화에서의 수정은, 이론가들로 하여금 젠더 위계라는 측면에서 번역을 묘사하는 데 사용되는 **부정한 미녀들**(*les belles infidèles*)과 같은 은유를 재고하고, 그러한 기본적인 '번역 신화'를 판도라의 상자로 다시쓰기 하도록 했다.

제4장은 번역에 대한 비판적인 작업을 소개한다. 정전 텍스트를 다시 읽고, 수정하며, 보충하는 페미니스트 실천과는 달리 이러한 비판적인 작업은 시몬 드 보부아르(Simone de Beauvoir)의 『제2의 성』(*Le deuxième sexe*), 루이즈 라베(Louise Labé)의 소네트, 사포(Sappho)의 서정시 번역본들을 다시 읽고, 고찰한다. 성경 같은 '핵심 텍스트'들의 재번역에 참여하는 번역가들의 노력도 살펴본다. 재번역과 비평—예를 들어 명백한 오역이나 생략—에 대한 이유를 논의하면서, 언어 전이의 이데올로기적 측면들을 지적한다. 이 장에서 관련된 요소는 '상실된' 여성 번역가들을 재발견하고 젠더 의식이 있는 1990년대의 관점에서 그들의 작품을 재평가하는 것이다.

제5장에서는 젠더 이슈를 번역학과 연계시키는 작업에 대한 일부 비판들을 논의한다. 페미니스트 작업에는 분명 당파적 성격이 있다는 점을 고려하면, '페미니즘 외부'의 비판은 예상 가능하다. 흥미롭게도 그러한 비판은 이 책이 대항하고자 하는 침묵이라는 형식을 취하는 경우가 많다. '페미니즘 내부'의 비판의 경우, 여성들 **사이**의 문화적·정치적 차이라는 이슈를 제기하고, 특정한 '급진적' 입장들에 관련 질문으로 맞서며 좀 더 생산적인 양상을 보인다. 어떤 질문 유형은 실험적인 텍스트의 경우와 같이 '접근불가'(inaccessible) 상태인 번역본의 문제를 다룬다. 이러한 문제가 번역에 놓여 있는가? 다른 사회와 문화에서는 페미니스트 글쓰기가 얼마나 번역 가능한가? 또 번역문화에 얼마나 의미를 지니며, 혹은 의미 있지 않다면 얼마나 의미 있게 번역될 수 있는가? 제3세계 작가나 다민족 사회의 소외계층 여성은 '제1세계 페미니즘'이라는 명목하에 수행되는 자신들의 텍스트에 대한 '착취' 혹은 오도된 재현(misrepresentation)의 문제를 제기하기도 하였다. 제3세계 여성의 목소리가 서구에 들리도록 하려면 번역가는 정확히 어떤 역할을 해야 하는가? 어떻게 번역해야 하는가? 누구를 위하여 번역하는가? 단지 여성의 착취에 기여하고 있는가, 아니면 그 작업이 국제적인 페미니스트 목표에 의미 있는 기여를 하는가?

이러한 문제 중 어느 하나도 충분히 고찰되거나 답을 구하지는 못했다. 이 책은 비교언어학자나 젠더와 번역의 교차점—번역학이 조성하는 비교언어학적, 상호문화적, 초국가적 접근법에 대한 방대한 연구개발 분야—에 대한 심도 있는 탐색에 관심 있는 독자들에게 이러한 질문들을 제기한다.

마지막으로, 제6장과 제7장에서는 각각 향후 연구 전망과 나가는 말이 이어지겠다.

젠더와 번역의 교차점에 대한 본 연구는 캐나다 사회과학 및 인문학 연구협회(Social Sciences and Humanities Research Council of Canada)의 박사 후 연구과정 지원금이 없었다면 불가능했기에 감사를 드리고자 한다. 이 지원금 덕분에 책을 집필할 충분한 시간을 가질 수 있었다. 본 시리즈의 편집자인 앤서니 핌(Anthony Pym)의 뛰어난 독해능력에 감사를 전하고 싶은데, 그는 필자가 축적한 '사실'과 이 사실에 대한 필자의 해석을 두고 꼼꼼하게 조언해 주었다. 번역학을 공부하는 유럽 학생의 입장에서, 필자가 북미 연구자로서 갖고 있는 여러 가설에 질문을 던지기도 했다.

동료 학자 셰리 사이먼(Sherry Simin)과 장 드릴(Jean Delisle), 시리즈 발행인 모나 베이커(Mona Baker)가 보내준 지지와 관심에도 감사드린다. 프라하 학회에서 자신들의 연구를 발표하고, 이후 발표 내용을 필자에게 제공해 준 제인 베첼러(Jane Batchelor), 카린 리타우(Karin Littau), 이든 오코넬(Eithne O'Connell), 베아트 틸(Beate Thill)에게도 고마움을 전한다. 마지막으로, 비교적 독립적인 삶을 터득한 우리 네 식구에도 감사를 표한다.

루이즈 폰 플로토우

오타와대학교

(flotow@uOttawa.ca)

차례

제
1
장

역사적 배경

　시몬 드 보부아르(Simone de Beauvoir)가 1949년 "on ne naît femme, on le devient"라고 쓰고, 이를 파쉴리(E. M. Parshley)가 1953년 "여성은 여성으로 태어나는 것이 아니라 여성으로 만들어지는 것이다"라고 번역하였을 때, 이들이 말하는 것은 젠더(gender)이다. 젠더라는 용어가 당시 텍스트에 실제로 쓰이지는 않았으나, 이십년 후, 급속한 발전을 거쳐 그 용어를 사용하거나 활용하는 이들은 여성의 사회화를 다룬 보부아르의 작품을 다시 참조하는 경우가 많아졌다.

여성운동과 젠더의 사상

1960년대 중반에서 후반에 걸쳐, 서유럽과 북미에서 당시의 다른 많은 저항운동들과 더불어 전후 페미니즘이 동력을 확장하기 시작하면서 젠더라는 개념은 생물학적 성차라는 개념을 보충하고 확장하는 것으로 진화하였다. 생물학적 성차는 남성과 여성의 사회적 역할과 기회를 설명하는 데 있어 그다지 적합하지 못하다고 여겨졌기 때문에, 풀뿌리 여성운동과 학자들은 이러한 불일치를 이해하기 위해 다른 도구와 분석 범주를 발전시키고 채택하였다. 영미계 페미니스트 작가들과 이론가들은 보부아르를 재인용하고 그녀의 경구가 제기한 질문들을 탐색하기 시작하였다. 보부아르는 여성의 생식기관을 가지고 태어난 아기가 단순히 여성으로 성장하는 것은 아니라고 하였다. 여성은 자신을 여성으로 변화시켜야, 더 정확히는 자신이 성장한 사회에 의해, 그리고 여성에 대한 사회의 기대에 부응하며 여성으로 변모하는(*turned*) 것이다. '여성'이라는 최종 산물은 교육과 길들이기의 결과이며, 여성이 속하고 그 안에서 성장하는 문화, 하위문화, 인종 집단, 종교 종파의 지배적인 영향에 따라 달라진다. 초기 페미니스트가 사용한 **젠더**라는 용어는 여자 아이를 소녀로, 또 여성으로 변화시키는 사회적 과정의 결과를 가리켰다. 이러한 과정은 소녀와 여성들에게 특정 시기와 문화에서는 전형이 되지만 대체로 같은 시기의 남성의 자질과는 상당히 다른 신체적, 심리적, 사회문화적 자질들을 주입시킨다.

여기서 강조되어야 할 부분은 **젠더**가 **양성**의 사회문화적 구성물임을 가리킨다는 점이다. 1960년대 후반과 1970년대 초반사이 페미니스트 사상가들은 남성과는 다른 여성의 사회화와 그로 인한 문화적·정치적 무력함(powerlessness)을 고찰하고 이해하기 위하여 이 용어를 발전시켜 나갔다. 하지만 최근에 들어서는 **젠더** 연구가 남성 속성의 구성물과 구체적인 역사적 순간에 특정 사회와 문화에서 전형이 되는 속성들을 고찰해오고 있다. 그러한 연구결과는 다수의 논문집에 등장했다(카우프만Kaufman, 1987; 브로드Brod, 1987). 다른 현대적 접근방식들은 생물학적 양성에 대응하는 문화화된 젠더가 두 가지 유형만 있다는 개념인 **젠더 이원성**(*gender duality*)을 비판한다(버틀러 Butler, 1990). 동성애학 분야에서 연구하는 학자와 작가들은 복장도착 같은 동성애적 맥락과 실제가 제기하는 젠더 복합성에 초점을 둔다. 하지만 이 책에서는 여성의 젠더 정체성의 효과를 이해한 다음 이를 손상시키거나 전략적으로 활용한다는 목적에 부합하기 위하여, 여성운동과 여성학에 적용된 **젠더**라는 개념에 그 초점을 두기로 한다.

1960년대 후반과 1970년대 초반 사이 여성운동은 여성들의 차이가 갖는 두 가지 측면에 집중했다. 첫째, 여성들의 남성과는 다른 차이가 여러 면에서 젠더 길들이기에 따라오는 인위적인 행동 고정관념에 의한 것이라는 점을 보여주고자 했다. 이러한 고정관념들은 인위적이었기 때문에 최소화될 수 있었다. 둘째, 여성운동은 여성들 간의 차이를 경시했고, 오히려 여성들이 공유하는 경험, 그들의 공통점, 연대를 강조했다. 달리 말해, 여성운동은 젠더가 비판받고 거부돼야 하지만 개별 문화를 초월하여 여성들을 하나의 정치적 힘으로 결속시킬 수 있는(아이젠슈타인Eisenstein, 1983) 일종의 의도적인 문화적 길들이기로 보았다. 이는 "여성들이 가부장적 사회의 여성이라는 사실로 인해 […] 인종이나 계층별로 분열되기보다 좀 더 단합이 되었다는 이데올로기적이자 정치적인 신념"(아이젠슈타인, 1983: xvii)으로 이어졌다. 여성 길들이기라는 대체로 부정적인 측면을 갖는 젠더라는 개념은 이렇게 전략적이고도 정치적으로 여성들을 결집시키는 데 활용될 수 있었다.

젠더는 공적·사적인 삶에서 여성을 종속시키는 근거로 이해되었고, 모든 여성들─가정이건 직장이건, 기업의 저임금 여성 직종에서부터 여성들에게 영향을 주는 정책을 수립하는 정부 또는 교육기관까지, 미디어 속 여성들의 이미지를 통해─에게 영향을 주는 하나의 현상으로 간주되었다. 젠더는 모든 여성의 삶의 한 부분이었다. 일상생활의 젠더화된 측면을 비판하는 활동들은 세간의 주목을 받았다. 전형적으로 여성성을 상징하는 억압물인 행주, 생리대, 거들, 브래지어를 '자유를 위한 쓰레기통'에 던지며 1968년 미스 아메리카 대회에 항의 시위를 벌인 미디어 이벤트는 관심과 지원을 촉발시켰다(모건Morgan, 1968: 62-67).

여성학의 창설은 여성들의 이러한 공통 관심사뿐 아니라 여성들이 공직이나 학계의 상당부분에서 배제되어 왔다는 자각에서부터 발전된 것이다. 이는 페미니스트 견해를 학문에 주입하는 새로운 발전을 기록했으며 두 가지 측면에서 정당성을 확보했다. 첫째, 지식이나 학문의 '보편성'에 대한 전통적인 주장들은 더 이상 지지받을 수 없었다. 둘째, 고찰되고 이해되어야 할 것은 바로 여성들 삶의 젠더화된 차이였다. 이는 학문적·정치성 객관성의 오류를 밝히고, 역사와 문학사, 사회학과 심리학을 여성의 관점에서 다시쓰기 한 여성 중심적 관점으로 이어졌다. 그러한 페미니즘적 수정주의의 선례는 1960년대 프랑스와 독일에서 일어난 학생 항쟁 운동과 1960년대 중반 미국과 퀘벡에서 일어난 문화혁명에 대한 비평이다. 페미니스트 연구자들은 이러한 운동을 자신들의 수사만큼이나 평등주의적인 것으로 봤다기보다는, 이러한 것이 여성 참여자들을 바탕으로 상당 부분 수행되었다는 것을 보여주었다. 1970년대 초반 출간되어 1982에 명저 반열에 오른 퀘벡의 페미니스트 잡지 *Québécoises deboutte!*는 '조용한 혁명'(Quiet Revolutionaries)의 염치없는 남성 편향성을 명확히 기록하고 있다(오리어리와 투팽O'Leary and Toupin, 1982).

여성학의 대다수 연구 발제가 일반에게 수용된 지식을 비판적으로 다시쓰기 하는 것에 초점을 둔 반면, 일부 연구는 여성의 젠더화된 행동에 대한 긍정적인 관점으로 이어져 여성들은 양육, 협동, 생태계에 대한 민감성뿐만 아니라 상당한 심신의 강인함 등의 자질을 여성과 연관 짓기도 했다. 하지만 이러한 견해는 본질주의적이라는 점과 모든 여성에게 일종의 보편적인 정신적 본질을 부여한다는 점에서 여성운동 내부로부터 극심한 비판을 받게 되었다. 실제로, 학자들이 여성의 삶에서 역사적, 상호문화적 차이를 드러내고 탐색하면서 1980년대 초중반까지 여성들 **사이**를 구별 짓는 치열한 과정들이 발전해나갔다(로살도Rosaldo, 1980; 모한티Mohanty, 1984; 모라가와 안잘두아 Moraga and Anzaldúa, 1983).

여성들 간의 이러한 차이가 중요하다는 자각은 젠더에 관한 사상이 수립된 공통 기반에 일부 혼란을 불러일으켰다. 그럼에도 불구하고, 분석 범주로서의 젠더는 다양한 분야의 연구자들에게 계속해서 동기를 부여하고 있다. 예를 들어, 심리학에서는 페미니스트 사상가들이 여아와 남아 간의 젠더화된 차이와 그것이 아동의 발달에 미치는 영향을 고려하여 아동심리학 분야를 발전시켰다(길리건Gilligan, 1982). 문학연구에서는 종전까지 간과되었던 여성 작가들의 작품이 발굴되고, 연구되고, 번역되어 독자들이 접할 수 있게 되었다. 마찬가지로, 여성들의 역사도 기록되고, 미술이나 음악, 철학, 의학 등에서의 여성이 기여한 바도 언급되고 있다. 단순히 젠더(혹은 인종이나 다른 요소)를 근거로 제외하는 경우는 용납될 수 없게 되었다. 그러한 연구나 작품의 경우 보편적인 적용가능성을 주장하는 것은 고사하고 더 이상 정확한 것으로 추정할 수 없게 된다.

영미계의 맥락에서는, 젠더 이슈가 다수의 사회적·제도적 기구에 영향을 미치며 학계와 정치계에 상당한 진입을 하게 되었다. 젠더는 이제 중요한 분석 범주일 뿐 아니라 사업상의 결정에 있어서나 교육 제도, 정부 정책에 영향력 있는 요인으로 인식된다. 젠더는 여러 가지 형태나 기능으로 반드시 고찰하고 이해하고 분석되어야 하는 사회의 기본적인 토대로 인식되고 있다.

여성과 언어

젠더 문제가 처음 영향을 준 분야는 사회과학이었지만, 그 용어는 얼마 지나지 않아 언어와 문학의 영역으로 진입했다. 언어가 의사소통의 도구만이 아니라 조작의 도구도 된다는 점이 주목받았다. 이러한 생각은 프랑스의 엘렌 식수(Hélène Cixous), 클로딘 에르망(Claudine Herrmann), 마리나 야겔로(Marina Yaguello), 안니 르클레어(Annie Leclerc), 미국의 메리 데일리(Mary Daly), 케이트 밀레(Kate Millet), 에이드리언 리치(Adrienne Rich), 캐나다의 니콜 브로사르(Nicole Brossard), 루키 버시아니크(Louky Bersianik), 프랑스 테오렛(France Théoret) 같은 작가들에 의해 발전되었다. 뒤이어 남성들이 지배하는 사회의 제도권에서 고안되고 사용되는 언어인 '가부장적' 언어의 영향에 관해 관심이 집중되면서 학술적 연구자료와 문학 텍스트가 많이 쏟아져 나왔다. 학자들이 언어 사용을 중심으로 문제를 제기하고 해법을 모색했던 질문들은 다음과 같다. 여성은 언어를 어떻게 사용하는가? 여성의 언어 사용은 남성과 상이한가? 여성들이 수행하는 의사소통 역할은 남성과는 다른가? 젠더가 언어에 어떻게 반영되었는지에 초점을 둔 질문들은 다음과 같다. 관습적인 언어에서 여성과 남성은 어떻게 재현되는가? 여성과 남성의 인식은 언어를 통해 어떻게 형성되는가? 젠더 차이는 언어에서 어떻게 구성되고 강화되는가? 또 다른 질문 항목으로 권력 투쟁에 있어 언어 문제의 영향과 관련된 것은 다음과 같다. 언어를 통해 권력이 어떻게 강화 또는 약화되는가? 개인이나 집단이 언어로 인해 어떻게 조작되었나? 언어에서 젠더 차이는 공공 생활과 영향력에 대한 접근 기회가 다름을 의미하기도 하나?

여성과 언어에 관한 문제에 있어 두 가지 접근법이 존재하였는데 넓게 보면 개혁론과 급진론으로 간주될 수 있다. 개혁론적 접근법은 관습적인 언어를 그것을 야기한 사회의 한 **징후**로 간주해, 그 의도가 선한 것이라면 개혁시킬 수 있는 것으로 수용했다. 반면, 급진론적 접근법은 관습적인 언어를 여성 억압의 중요한 **원인**이자 여성으로 하여금 자신의 종속적인 자리를 알도록 교육시키는 도구로 간주하였다 (캐머론Cameron, 1985). 개혁론적 접근법은 성별을 초월한 직업 지정을 발전시켜온 퀘벡의 프랑스어청(Office de la langue française)과 같은 기관들이 주도하는 '비성차별주의적'(non-sexist) 언어 지침서 발간, 언어교육 워크숍, 훈련과정, 언어 기획 등으로 이어졌다. 그러한 사상은 여성을 '남성'이라는 범주 아래 포함하기 보다는, 여성을 언어로 분명히 대표하고자 하였다. 급진론적 접근법에서 여성들은 관습적인 가부장적 언어에 의해 배제되고, 모욕당하고, 경시당한 개인의 역할에 스스로를 위치시켰다. 이러한 관점에서는 관습적인 언어의 모든 것이 여성의 자신감, 자존감, 심리적 발전, 창의성에 위협이 되는데, 그 이유는 바로 '주류' 제도에 의해 통제되고 조작되기 때문이다. 이러한 문제에 대한 데보라 캐머론(Deborah Cameron)의 주장은 이러한 급진적인 관점을 다음과 같이 요약한다.

> 급진적인 페미니스트 관점은 남성이 만든 상징적 세계의 범위 안에서만 살고 말하는 여성들에 관한 것이다. 그들은 언어적으로 유효한 남성 세계관과 남성 언어로는 표현될 수 없는 자신의 경험 간의 괴리에 대응해야만 한다. 실제로, 언어가 현실을 결정짓기 때문에, 여성들은 언어뿐만 아니라 부호화하지 못한 여성적 경험으로부터 소외될 수 있다. (1985:93)

이러한 관점은 언어가 남성이 만든 인공물일 뿐 아니라 남성의 삶과 그들의 현실, 그들의 생각을 반영하도록 만들어졌다고 여겼다. 그것은 여성의 현실은 기술할 수 없는 상태로 둔 채, 남성의 현실들을 밝히고 이름 붙였다. 유일한 해법은 여성의 특수성을 설명하고 여성 발전이 가능하도록 언어를 대대적으로 개편하는 것이다.

가부장적 언어에 적용된 해결책은 젠더와 번역이라는 최초의 논의를 촉발시키며 급진적인 형식을 취했다. 작가들은 표준 언어에 이의를 제기하며 사전이나 다른 기존에 확립된 참고 자료들을 비판하거나 다시쓰기 하고, 무시하기도 했다. 그들은 표준적인 통사와 기존에 확립된 문학 장르가 가부장적 권력구조를 반영하고 영속화한다고 보았다. 여성의 현실을 반영하고 이에 응답하는 여성들 위한 새로운 언어와 새로운 문학 형식을 모색하고자 하였다. 그들은 본질적으로 위험하다기보다 여성들에게 유용해지도록 기존 언어를 비판하고 급진적으로 변화시키기 시작하였다. 프랑스 이론가 루스 이리가레는 다음과 같이 언급한다.

Si nous continuons à nous parler le même langage, nous allons reproduire la même histoire. Recommencer les mêmes histoires. (이리가레 1977:205)

만일 우리가 같은 언어를 계속 말한다면, 같은 (히)스토리를 재생산할 것이다. 같은 (히)스토리를 반복하라. (필자 번역)

이러한 입장을 지지하는 여성 작가들은 여성들의 안위에 유해하다고 인식된 '동일한 언어'를 넘어서고자 했다. 1970년대에 걸쳐 여성 작가들은 가부장적 언어가 주요 주제로 작용하는 실험적인 작품들을 썼다. 퀘벡에서는 루키 버시아니크가 표준 불어의 남성 편향성을 입증해보였다. 작품 속 인물인 L'Euguelionne은 우주 공간에서 지구로 온 뒤 자신이 알아낸 것을 설명하면서 *virile*의 정의에 놀라워한다. 『쁘띠 로베르』(*Petit Robert*) 사전에서 virile의 첫 번째 의미는 "남성만의 전형적인 자질"(propre à l'homme)이라고, 그 다음 의미는 "활동적, 에너지가 넘치는, 용감한"(actif, énergique, courageux, etc) 같은 자질이라고 되어있다. L'Euguelionne은 이러한 특성들이 전적으로 남성에게만 해당된다는 점에 당혹스러워하며 여성들은 그러한 자질을 갖고 있지 않은지 궁금해 한다. 이러한 사전 표제어가 제기하는 문제는 관습적인 언어 기저에 자리 잡은 이데올로기를 지적한다. 20년이 흐른 뒤에도, 『쁘띠 로베르』 사전의 femme(여성)이라는 표제어에는 "Une femme est AUSSI un être humain"(여자**도** 사람이다)이라는 말로(Malraux)의 인용구가 계속 실려 있다. 현대 사전편찬학에 대한 흥미로운 지적이다.

어떤 여성들은 버시아니크와 같은 작업을 여러 나라 언어로 시도한 반면, 다른 이들은 어원론적 연구에 집중해 단어들을 회복시키려 했다. 여성의 활동에 대한 오래되고 폐어가 된 단어들을 발굴해내거나 가부장적 용법에서 강등당한 용어를 찾아내 회생시켰다. 1970년대 중반 미국에서 작품 활동을 한 메리 데일리는 자신의 관점에서 한때 막강했던 여성 문화의 표지가 되는 고대 단어들이 갖는 현대적 의미에 대해 문제를 제기했다. 'hag'(마귀할멈), 'crone'(노파), 'spinster' (노처녀) 같은 단어들이 요즘에는 부정적인 의미만을 함축하지만, 한 때는 힘과 자율성을 지닌 여성들을 가리켰다. 데일리의 주장에 따르면 남성들이 자신은 힘과 자율성을 가지려 들기 때문에 여성들은 무력해지고 남성에게 종속당하게 되므로 그러한 단어들을 폄하하는 것이 남성들에게 유리하다. 데일리는 '무섭고 사악한 영혼'이라는 hag 의 정의가 그것이 정의하려는 것보다 그러한 정의를 작성하고 출판시키는 자들에 대해 더 많은 것을 드러낸다고 보았다. 데일리의 작품이 여러 가지 이유로 비판을 받아왔지만, 그러한 논증의 어조나 문체가 당시에 전형적인 것은 아니었다.

관습적인 언어와 그것을 공적·사적 상황에서 사용하는 것이 여성에게 악영향을 준다는 생각은 그 파급이 광범위하게 작용했다. 언어학자들은 다수의 서구어를 분석하여 의미론, 문법체계, 속담과 신화, 은유의 억압적인 측면들을 기술하고 문서화하여 말하자면 전투를 벌였다. 사회언어학자들은 공적 상황에서 여성의 침묵에 대한 연구를 비롯해 공동으로 언어학 연구를 수행했다(스펜더Spender, 1980; 트뢈-플뢰츠Tröml-Plötz, 1982). 루스 이리가레(Luce Irigaray)나 줄리아 크리스테바(Julia Kristeva) 같은 정신분석학자나 심리치료사들은 언어 사용과 여성들의 정신 질환 및 정신병 간의 연관성을 탐색했다. 개발도상국과 선진국의 개발학자들은 여성의 문맹 혹은 반문맹률이 불균형적인 사례들을 조사했다(캐플란Kaplan, 1976). 다른 이들은 산업 국가에서 여성들이 글쓰기와 출판, 공적 영향력에 있어 제한된 현상을 고찰하였다(쇼월터Showalter, 1986). 이러한 논의들과 뒤이은 출간물들을 통해, 젠더라는 이슈는 가부장적 언어의 속박에서 지배적인 측면이었다. 젠더는 가부장제의 산물이었고, 관습적인 언어는 이러한 제도 중 하나였다. 여성의 선택권과 생활환경을 규정하고, 여성이 (남성)인간 (mankind)을 섬기는 역할을 하도록 제한했다(손 외Thorne et al., 1983).

창의적인 작업은 언어 차원을 넘어 점차 확장되어 나갔다. 작가들은 유명하거나 거의 알려지지 않았거나, 또 아예 알려지지 않은 수백 명의 선구적인 여성 작가들을 다시 언급하기 시작했다. 여성을 위한 사전도 개발되었는데(위티그와 자이그Wittig and Zeig, 1981; 데일리와 캐퍼티Daly and Caputi, 1987) 이 사전들은 일반 작품들을 대체까지는 아니더라도 보충하는 역할을 했고 여성의 정체성을 드러내는 언어를 만드는 데 일조했다. 또한 그들은 새로운 사고, 새로운 언어, '구'언어의 새로운 용법에 대한 확실한 출처를 들어 입증해보였다. 그렇다고 그들의 작업이 창의적인 글쓰기에 국한된 것은 아니었는데, 교육, 출판, 대중강의, 희곡 및 다른 공공 행위를 아우르며 언어에 대한 자신들의 급진적인 접근방식을 심오하고 난해하다고 여기는 이들이 쉽게 접할 수 있도록 하였다. 이들 작가들은 자신들의 문학적/언어적 실험에 대한 독자층을 형성하는 데 일조했다. 퀘벡 출신의 브로사르는 그러한 통합적 접근법을 취한 실험적 작가의 예가 된다. 그녀의 창의적인 글쓰기는 시와 산문, 이론의 장르를 혼동시키고, 읽기에 꽤 난해하다. 하지만 기자, 교사, 대중 연설가, 편집자, 명문선집의 편집자라는 경력을 거치면서 그녀는 자신의 글을 읽는 국제적인 독자층을 형성할 수 있었다. 브로사르는 독자와 연구자들에게 새로운 페미니즘적 개념, 새로운 언어, 새로운 문학 형식을 제시하는 일련의 실험적인 작품을 많이 남겼다. 그녀의 작품은 가부장적 언어에 부여된 권력을 해체하려고 했을 뿐만 아니라, 가부장적 구조와 언어제도의 악영향에서 벗어난 어딘가에 존재하는 여성들의 유토피아에 관한 생각들을 기술하고 발전시키고자 하였다.

하지만 새로운 통사구조와 새로운 언어로 창조되고 기술된 신생 유토피아를 읽는 것은 쉽지 않은 일이다. 자체 구조와 형식이 혁신적이고 동시에 새로운 (유토피아적) 상황을 기술하고자 주장하는 언어를 어떻게 읽겠는가? 이러한 문제가 관습적인 언어에 대한 급진적 비판을 괴롭히는 난관이다. 이와 같은 많은 텍스트를 이해하기에 앞서 원천 언어와 문화 내부에서의 '중재'−비평과 설명−가 필요하다. 여성운동이 국제적인 차원으로 발전되면서 문제는 더욱 복잡해졌다. 유럽과 영미권 페미니스트들이 다른 지역 출신 여성들과 시도하는 공동작업들은 이러한 논의를 문화적으로나 언어적으로 다양하게 만들었다. 바로 이 지점에 번역이 틈입해 복잡한 그림이 만들어지는 것이다.

젠더와 번역

번역은 여성들이 공적 영역에 진입할 때 무엇을 하는지 기술하는 비유로 오랫동안 역할을 해왔다. 여성들은 자신의 사적 언어, 젠더화된 배제의 결과로 발전된 자신의 특정한 여성적 담화 형식을 지배적인 가부장적 부호라는 형식으로 번역한다. 마르그리트 뒤라스는 이렇게 말한다.

"여성 문학"은 유기적이고 번역된 글쓰기 … 암흑과 어둠으로부터 번역된 것이라고 생각한다. 여성들은 수 세기동안 어둠 속에 있어서 그들 자신을 모르고 있다. 여성들이 글을 쓸 때, 그들은 이러한 어둠을 번역한다. … 남성들은 번역하지 않는다. 그들은 이미 확고하고, 이미 정교화된 이론적 바탕에서부터 출발한다. 여성들의 글쓰기는 실제로 미지에서부터 번역되어 이미 형성된 언어라기보다 마치 새로운 의사소통 방식과도 같다. (뒤라스 1980:174)

뒤라스의 말은 여성들이 공적 영역으로 진입할 때 항상 번역을 해야 한다는 견해를 잘 보여준다. 영어, 불어를 비롯한 다른 페미니스트 담화들은 모호하고 명확하지 않은 자료 더미에서 억압당한 텍스트를 뽑아낸 다음 관습적인 형식으로 번역해야 하는 '유기적' 활동으로 이러한 글쓰기 개념을 반향했다. 이러한 생각은 여성이 관습적인 표현 및 출판 형식에 접근하기 어렵다는 점을 상기시키는데, 베레나 스테판(Verena Stefan)의 『허물벗기』(*Häutungen*, 1975), 식수·가농·르클레어의 『글쓰기로의 이동』(*La Venue à l'écriture*, 1977) 같은 책에서 구체적으로 다루어지고 있다.

젠더와 번역에 대한 관심은 이러한 텍스트들이 등장한 이후 다양한 갈래로 발전해왔다. 이제는 실제 번역에서 번역사, 번역비평, 번역이론에서 새로운 개념까지 광범위한 분야를 아우른다. 이러한 논점들은 다음 장에서 전개되겠다.

젠더와 번역의 실제

　페미니즘적 사고에 강한 영향을 받은 '페미니즘의 시대'에서 번역이라는 작업은 실제 번역에 심대한 영향을 미쳤다. 첫째, 번역가들은 자신들의 문화로 작품을 번역하기 위해 현대 여성 작가들의 작품을 발굴했다. 이런 작품들 상당수가 실험적인 성격을 갖기 때문에, 번역에 있어서 엄청난 기술적 문제를 다루어야만 했다. 둘째, 여성운동이 언어를 강력한 정치적 수단으로 정의 내렸기 때문에, '페미니즘 시대'에 작업하는 다수의 여성들도 번역에서의 개입이나 검열이라는 문제에 봉착하게 된다. 정치적인 번역가들은 언제, 어떻게 텍스트를 '수정하는가?' 번역가의 역할이 지나치게 정치적이라는 것은 어느 정도를 말하는가? 셋째, 중요한 여성 작가들과 사상가들의 계보에 관한 관심으로 '상실된' 작품에 대한 번역본이 상당량 구축됐다. 이러한 작품들이 이제 겨우 회복되고 있기 때문에, 번역가들은 전통적인 번역의 경계를 넘어서 주석이나 비판을 붙이기도 한다.

실제 번역에서 젠더 의식은 사회적 고정관념과 언어적 형태 간의 연관성, 언어와 문화적 차이의 정치, 번역의 윤리, 그리고 동시대 독자들이 접할 수 없었던 작품들을 소생시키는 것에 대한 문제를 제기한다. 그러한 젠더 의식은 번역이 수행되는 문화적 맥락의 중요성을 강조한다.

실험적인 페미니스트 글쓰기와 번역

1970년대 급진적인 페미니스트의 글쓰기는 실험적이었다. 학교, 대학, 출판사, 미디어, 사전, 글쓰기 지침서, 명작문학 같은 제도에 의해 유지된 관습적인 일상 언어를 손상, 전복시키고 심지어 파괴하고자 했다는 점에서 급진적이었다. 페미니스트들은 이러한 관습적인 언어가 새로운 여성 언어로 대체되지 않는다면 개혁이 되어야 하는 여성 탄압과 예속의 수단으로 보았다. 그래서 이들은 단지 언어가 전달하는 메시지만이 아니라 언어 자체를 공격하는 급진적인 입장을 취했다. 비록 시대는 다르지만 관습적인 언어를 위험한 수단으로 본 작가들—예를 들어 제2차 세계대전 이후 독일 작가들은 나치 신어(Nazi-Newspeak)를 경험한 뒤 관습적인 독일어 사용을 경계했다─이 있었다 해도 그러한 비판에서 젠더가 이슈가 되는 경우는 별로 없었다. 한 이례적인 경우로 17세기 프랑스의 프레시오지테(Précieuses) 사조를 들 수 있는데, 이들은 불어를 고상하게 하면서 궁정의 투박한 풍속을 개선하고자 했다.

20세기 후반의 급진적인 페미니스트 글쓰기는 여성을 위한 새로운 사고와 새로운 언어를 발전시키면서 새로운 토대를 마련했다는 점에서 실험적이었다. 이들 작가들은 가부장적 언어가 여성이 생각하고 글 쓰는 바를 크게 결정한다고 보았기 때문에 가부장적 언어 관습을 초월하기 위해 새로운 단어, 새로운 철자, 새로운 문법 구조, 새로운 이미지, 새로운 은유를 시도했다. 이들의 논리는 여성들이 재량권을 갖는 언어는 여성의 창의성과, 혁명적인 용어를 생각해내고 새로운 작품을 생산할 능력에 영향을 준다는 것이다. 독일어로 쓰인 가장 영향력 있는 급진적 페미니스트 작품이 된 『허물벗기』(*Häutungen*, 1975)를 쓴 베레나 스테판은 관습적 언어에 대한 여성으로서의 입장을 다음과 같이 표현한다.

> 내가 새로운 경험을 말하려하는 순간 내 언어는 실패하고 말았다. 아마도 똑같이 낡은 언어로 표현된 새로운 경험들은 진정 새로운 것이 될 수 없을 것이다. (tr. 1978/1994:53)

서유럽과 북미 곳곳, 그리고 온갖 언어에서 다양한 실험들이 실시됐다. 비록 언어를 통한 여성 억압에 관한 이론들은 대체로 비슷했지만, 실제 적용에 있어서는 큰 차이를 보였다. 작가들이 서로 다른 언어뿐만 아니라 장소는 다르지만 페미니스트의 관심이 필요한 서로 다른 문화들을 해체한다는 사실을 고려하면 그리 놀라운 일도 아니다.

퀘벡의 니콜 브로사르는 1970년대와 1980년대 초기에 이러한 급진적인 해체주의적 방식에 들어맞는 다수의 책을 출간했다. 그녀의 *L'Amèr, ou le chapitre effrité*(1977)는 '가부장적 어머니'라는 주제를 채택해 대단히 실험적인 산문시 형식으로 표현한다. 가부장적 어머니란 그 역할이 재생산으로 약화된 여성으로, 강압적이고 인정받지 못하는 노동이 창의성과 개성을 짓누른 탓에 결국 자신의 자녀들까지 옥죄는 이들을 말한다. 브로사르의 작품 제목 *L'Amèr*는 프랑스어로 'mère'(어머니), 'mer'(바다), 'amer'(가혹한)라는 세 가지 이상의 의미를 담고 있다. 이는 모성이란 가혹하고 괴로움을 주는 경험이라는 작가의 집착을 표상하고, 여성을 주기적이고 유동적인 바다의 성질인 물과 연결 짓는 페미니스트 사고의 중요한 이미지를 반영한다. 마찬가지로, 브로사르가 만든 신조어 *mourriture*는 그러한 여성들이 자녀들에게 어떻게 행동하고 무엇을 주는지 묘사하기 위해 사용되는데, 'nourriture'(음식), 'pourrir'(썩다), 'mourir'(죽다)라는 단어들을 조합해 양육과 부패, 죽음을 연결 짓는데 그러한 방식은 여성의 특별한 양육 자질에 대한 생각을 해체시키고 말았다.

브로사르의 언어적 해체에 대한 접근방식은, 전부는 아니지만, 불어에서 여러 단어의 소리가 유사하다는 사실을 이용한 말놀이에 기반을 둔 경우가 대다수다. 미국의 신학자이자 급진적 페미니스트 작가인 메리 데일리도 말놀이를 사용하는 데 가부장적 언어에 대한 공격을 단어들의 역사로 확장시켜 나간다. 그녀는 한때 여성들에게 중요했었던 즉, 한때 여성들의 역사적 권력과 자율성을 표현했던 단어들이 가부장제에서 격하된 방식에 관심을 가진다. 또 그러한 단어들을 회생시키거나 급진주의 페미니즘에서 사용할 신조어를 만드는 등 끊임없이 시도한다. 브로사르보다 좀 더 명료한 데일리는 언어에 관한 이 책이 어려운 작품이라고 독자들에게 미리 경고를 준다. 영향력이 큰 그녀의 책『여성생태학』(*Gyn/Ecology. A Metaethics of Radical Feminism*)의 서문에 쓰인 각주에는 다음과 같은 글이 있다.

> 이 책에는 큰 단어(Big Words)가 담겨있는데 … 이는 강인함에 대한 존경심의 발로로서 크고 강한 여성들을 위해 쓰였기 때문이다. 그리고 저자가 일부 만들어 낸 것도 있다. 그러므로 정신의 하향 이동을 선택하여 큰 단어를 싫어하는 이들이나, 정신의 상향 이동을 선택해 신/구 단어―구 단어는 고대의 ('폐어가 된') 여성 중심적 의미가 발굴되면 신 단어가 된다―를 싫어하는 이들 모두에게 걸림돌이 될 수 있을 것이다. 아무쪼록 복합적으로 이동하는(multiply mobile) 이들에게 유용한 길잡이가 되길 바란다.

데일리는 언어적 혁신('신 단어')과 가부장제하에서 경멸적 의미를 부여받은 여성 중심적 용어('구 단어')의 부활과 복권에 두는 중요성을 강조한다. 하지만 그녀는 독자들도 이에 참여하고 지지하도록 요구하기도 한다. 이 책은 '복합적으로 이동하는' '크고 강한 여성'을 위해 쓰인 것이다.

해당 발췌문은 브로사르의 *L'Amèr*에서 사용된 말놀이와는 다른 유형임을 보여준다. 데일리의 '크고 강한 여성'과 '복합적으로 이동하는'이라는 용어는 언어적 현상이라기보다 문화적 현상에 기반을 둔 미국식 용어임을 알 수 있다. 1960년대와 1970년대 미국 여자 아이들은 '크고 강한 남성'의 보살핌 받으면서 '아빠의 어린 소녀', '꼬마 숙녀'로 사회화되었다고 해도 지나친 일반화는 아닐 것이다. 데일리는 이러한 용법을 뒤집어서 새로운 용법으로 독자를 놀라게 하고 여성은 무력하고 무능한 '소녀'라는 생각을 훼손시킨다. 마찬가지로 '상향', '하향', '복합적으로 이동하는'에 쓰인 말놀이는 일반적으로 사회적 지위를 두고 자리다툼하는 것을 뜻하는 현대 미국식 용법임을 알 수 있다. 또한 이 용어는 기꺼이 도전을 받아들이고 배우려는 페미니즘적 의식을 가르치기 위해 개조한 것이다.

　개별 단어나 통사, 다른 형태적 요소들의 해체가 실험적인 페미니스트 글쓰기의 중요한 측면이 되어온 반면, 여성의 몸은 중요한 주제적 역할을 수행해왔다. 상당수의 페미니스트 작품의 근원에는 대상화되거나, 모호하고, 비난받고, 길들여진 여성의 몸이 자리 잡고 있다. 몸은 가부장제에 의해 비인격화되었고 가부장제를 보존하는 대가로 헌납되었으며, 동시에 몸을 예속시키는 그러한 체제를 유지하는 것이다. 하지만 몸이야말로 오랫동안 침묵해왔고 글로 쓰여야 할 잘 알려지지 않은, 여성의 창의적 에너지의 원천이기도 하다. 프랑스 작가 엘렌 식수의 첫 작품인 『메두사의 웃음』(The Laugh of the Medusa) 영어 번역본에서, 식수는 이렇게 쓰고 있다.

　　여성들은 자신의 몸을 통해 글을 써야 한다. 그들은 분할과 계급, 수사학, 규정과 법규를 파괴할 확고한 언어를 만들어내야 한다. 그들은 궁극의 신중함/담론을 침잠시키고, 가로지르며, 뛰어

넘어야 한다. ... (식수, 1975; tr. 1976:886)

그러면 '몸을 통한 글쓰기'는 어떻게 하는가? 또 그 문제에 있어, 이러한 페미니스트의 사고에 대응해 만들어진 언어적 실험을 어떻게 번역할 것인가?

몸을 번역하기

여성들이 '여성의 몸에 대해 글'을 쓸 때, 그들은 드니즈 부셰 (Denise Boucher)가 퀘벡 희곡 *Les Féex ont soif*(1979)에서 구체화하 듯이 지금까지 정부('창녀'), 헌신적이고 무성적인 어머니, 혹은 범접 할 수 없는 성모 마리아라는 고정관념으로 묘사된 대상에 대하여 쓰 고 있다. 페미니스트 작가들은 섹슈얼리티를 이러한 고정관념 기저에 자리 잡은 요인으로 인식했고, 이러한 편견들을 깨부수고 이러한 상 투어를 뛰어넘는 것으로 대응해왔다. 여성의 관점에서 기술된 여성의 섹슈얼리티와 여성의 에로티시즘은 페미니스트 글쓰기에서 선호하는 실험 분야가 되었다. 작가들은 검열되고 폄하된 여성의 신체부위에 대한 어휘를 찾아내 발전시켜 나갔고 여성의 관심을 끌 만한 에로틱 글쓰기를 창출하고자 했다. 그들은 에로틱을 시도하고 부추기는 '에 로틱한 시도'(tenter l'érotique)라는 도전에 대응한 것이다.

불어권 작가들은 이 점에 있어 특히나 혁신적이고 대담했다. 이 러한 경향은 부분적으로는 *jouissance*(열락)이나 *invagination*(함입)

등의 용어를 드물지 않게 사용하는 정신분석학과 문학비평의 성적인 어휘들 때문일 수 있다. 열락은 향락에서 쾌락, 성적 쾌락, 오르가즘까지 다양한 의미를 아우르며, 함입은 무수한 다른 과거 또는 현재의 텍스트에 의해 한 텍스트가 침입당하는 것을 말한다. 불어로 된 이러한 '신체 작업'을 영어로 번역하는 것은 단어 선정에 있어 뚜렷한 문제를 유발하고 번역가로 하여금 자신의 언어가 가진 한계를 자각하게 한다. 자기검열이나 '적격'(decorum)의 문제도 제기되는데 어떤 언어 집단은 정치적인 진보를 이루는 수단으로 '몸으로 글쓰기'에 집중할 수도 있겠지만, 다른 이들은 에로틱 글쓰기와 정치를 연관 짓기를 꺼리거나 혹은 그러지 못할 수도 있을 것이다. 실제로, 섹슈얼리티 문제를 둘러싼 전체 의미장은 번역가들에게 심각한 문제를 안겨주었다.

수잔 드 로트비니에르-하우드(Suzanne de Lotbinière-Harwood, 1991)는 브로사르 작품의 영역본과 게일 스콧(Gail Scott)의 불역본의 사례에서 도출한 그러한 난제를 다양한 방식으로 언급하였다. 그와 같은 어려움을 보여주기 위해 브로사르의 『혀 속으로』(Sous la langue, 1987)에서 cyprine이라는 단어를 예로 들고 있다. 불어에서 cyprine이란 여성의 체액을 의미한다(드 로트비니에르-하우드 1991: 145ff). 이 용어는 불어에 잠시 존재했는데, 보들레르의 『악의 꽃』(Fleurs du Mal)과 70년대 레즈비언 페미니스트 작가의 작품에 등장한다. 하지만 어떤 사전에도 나오지 않는데, 드 로트비니에르-하우드의 말에 따르면 이는 "여성들이 이 단어를 접하는 것을 사전편찬학자들이 원치 않기"(145) 때문이다. 영어에도 없는 단어인데, 영이에서는 "젖었다는 단어만 있을 뿐, 우리에게 그런 단어가 없다"(147).

그녀가 택한 해결책은 *cyprine*의 그리스어 어원을 조사하고 참조해 영어식으로 'cyprin'이라는 단어를 만들어내는 것이었다. 하지만 이 러한 신조어는 브로사르의 작품과 그녀의 번역이 등장하는 책자에 언급될 필요가 있었기 때문에 한 페이지를 할당해 다음과 같은 역자 후기를 작성하게 된다.

> 여성의 성 분비물. 불어의 cyprine(아프로디테의 고향인 사이프 러스라는 그리스어에서 유래)에서 유래함. 영어식 용법으로 cyprin을 제안하고자 한다.

이 경우에, 그녀가 자신의 글에서 상세히 논의하고 있는 번역가 의 도전은 신조어의 탄생으로 이어졌다. 신조어가 해당 페이지에서 차지하는 위상이나 대중 강연 및 글쓰기에서의 신조어에 대한 논의 등 그녀가 하는 '설명'은 영어에서 '불온한 부분을 제거하는' 측면과 번역에서의 젠더 의식이 낳을 수 있는 영향 모두에 더 많은 관심을 가지게 했다.

또 다른 예에서, 드 로트비니에르-하우드는 불어의 con(음부)이 라는 용어를 되찾아야 할 필요가 있다고 강조하는데, 불어에서는 "un gars au comportement débile"(역겹고 천치 같은 사내)(1991:64-65)을 가리키는 말이 돼버렸다(1991:64-65). 이러한 문제는 게일 스콧의 *Heroine* 불번역본에서 발생하는데 '나는 음부의 냄새가 궁금하다'라 는 문장은 'je me demande ce que sent le con d'une femme'라고 번 역되어야 했다. 여기서 'd'une femme'라고 구체화한 것은 그렇지 않을 경우 천치 같은 사내의 냄새가 될 수 있기 때문이다. 번역자가 보기에, 이를 구체화시키는 것은 여성의 성적 신체에 대한 용어가 남성의 사용과 남용에 의해 얼마나 철저하게 식민 지배를 당했는지 나타내는 것이다. 이러한 비하적인 어휘들을 되찾고 새로운 용어를 발전시키는 작업은 번역가의 몫이기도 하다. 이 같은 경우, 번역자는 『쁘띠 로베르』 사전이 제안한 용법을 따르며 'ce que sent le sexe d'une femme'라고 번역할 수도 있었다. 하지만 영어 문장이 과감하고 도발적인 표현이었기 때문에 드 로트비니에르-하우드는 똑같이 위험을 무릅쓰고, 그러한 위반적 가치에 대해 'con'이라는 용어를 사용하고자 했다. '여성의 번역은 정치적 행위이자 여성들의 연대 행위다' (1991:65)라는 그녀의 관점은 이러한 위반적이고 공격적인 접근법을 강조한다.

단어 선택에서의 문제는 다른 맥락에서도 언급된 바 있는데, 영어 번역본이 여성의 신체에 대한 지식이 부족함을 보여주는 경우들에서 잘 나타난다. 고다드(1984:13)는 니콜 브로사르 책에서 'la perte balche'라는 문구가 '하얀 손실'이라고 번역되어, '배출', 즉 신체 분비물이라는 또 다른 의미를 놓치는 예를 든다. 이와 관련된 문제는 브로사르의 또 다른 영역본에 나오는 'Ce soir j'entre dans l'histoire sans relever ma jupe'라는 문구에 관한 논의에서도 제기된다. 브로사르는 성적 관계를 맺는 '애인'이나 전형적인 여성으로서가 아니라, 작가로서 공공 생활에 참여하는 여성을 가리키고 있다. 이 말은 『상징들의 충돌』(*A Clash of Symbols*)(가보리오Gaboriau, 1979)이라고 번역된 희곡 『마녀의 본당』(*La nef des sorcières,* 1976)에 나오는데, 이 작품에 등장하는 수많은 여성 인물은 여성들이 수행하는 다양한 역할을 상징하며 자신을 드러낸다. 무대 공연을 위해 쓰인 번역은 "오늘밤 다리를 벌리지 않고 역사 속으로 들어서겠다"(가보리오 1979: 35)였다. 참여 작가들 중 한 명인 브로사르가 실제 쓴 내용을 오역 내지 과장하고 있음에도 불구하고, 이러한 번역은 아주 효과적인 것으로 갈채를 받았다. 이 번역본은 극적으로 작용해, '오늘밤 치마를 들치지 않고 역사에 진입하겠다'라는 좀 더 신중한 표현보다 더 강렬한 인상을 청중들에게 주었다. 또한 '다리를 벌리기'라는 지시표현은 "나는 다리가 아니라 입을 벌려 역사 속으로 들어선다'라는 즉, 자기 목소리를 들려주겠다는 다음 구절로 이어진다.

여성의 성적 신체에 대한 용어가 음탕한 것인지 임상적인 것인지 그 차이를 협상하기가 어려운 반면, 좀 더 일반적인 용어인 '열락'은 상당한 논쟁을 불러일으키기도 했다. 『신 프랑스 페미니즘』(*New French Feminisms*)(막스와 드 크루티브롱Marks & de Courtivron, 1980: 36) 선집에서 '성적 향락, 환희, 황홀'이라고 정의된 이 단어는 선집 전체에서 '성적 쾌락'으로 번역되었다. 열락이 '쾌락'이나 '향락'을 의미하기도 하지만 '건강의 향유'라는 법적 의미를 포함해 다양한 종류의 쾌락을 말할 수도 있다. 그런데 오로지 '성적 쾌락'으로만 번역되면, 과감하고 새로운 성적인 요소에 방점이 찍힌다. 번역되지 않고 불어 그대로 둔 채 주석이 달릴 경우에는, 이국적이고, '비영어적' 자질이 주목된다. 이것은 번역자가 다의어적인 성적 요소를 언급하길 기피하는 것이기 때문에 "은근히 모욕적인 미국적 정의"(프라이발트Freiwald, 1991:63)의 표시라며 부정적으로 생각되었다. 한편, 영어 작품에서 불어의 '악센트'를 유지하도록 하는 것은 번역의 긍정적인 측면으로도 볼 수 있다(드 로트비니에르-하우드 1991:150).

불어권과 영어권 여성들의 논의는 에로티시즘과 그 용어의 문제(프라이발트, 1991)와 한편으로는 여성에게 권한이 부여되면서 다른 한편으로는 각자 소외되는 문제에 초점을 두는 경우가 많았다. 여성의 몸에 대한 참조와 두 양극단 사이에서 여성의 섹슈얼리티를 어디에 둘 것인지에 대한 논쟁이 격렬해졌다. 게다가 1981년『예일 프랑스 연구』(*Yale French Studies*)에 게재된 토론이 보여주듯이, 번역이 항상 해결책이 되어 온 것은 아니었다. 토론자 중 한 명인 샌드라 길버트(Sandra Gilbert)는 프랑스 페미니스트 작가들의 번역작품을 두고 '타자의' 문화를 "매력적이면서도 두렵고, 또 대단히 화려하게" 보이게 만드는 매개로 간주하면서 "매개의 매개"(1981:6-7)라고 주장한다. 이러한 텍스트를 그들의 철학적, 문학적, 사회적 맥락 속에 위치시키는 더 많은 문화적 자료인 번역본에 대한 설명을 원한다. 이중언어 사용자인 캐나다인 작가 게일 스콧은 이러한 맥락의 문제를 영어권 개신교도의 강직한 도덕성과 프랑스 로마가톨릭 신앙고백의 비교적 느슨한 도덕성 간의 차이로 비교하며, 영어권과 불어권 페미니스트 담화의 차이를 분명한 표현으로 요약했다(스콧, 1989). 분명 다른 원인도 작용하고 있다. 성별화된 몸을 다룬 페미니스트 작품 번역은 언어의 한계와 문화가 부과한 제약으로 인해 여성 간의 연대와 가부장제하에서 여성들이 공유한 운명에 관한 페미니즘적 사고에 혼란이 발생하는 분야 중 하나이다.

문화적 지시체에 대한 언어유희 번역하기

수잔 질 레빈(Suzanne Jill Levine, 1991:13)이 "언어유희는 형벌이다"(puns are punishment)라고 쓴 것처럼, 언어유희는 고통과 연결돼 있다. 그녀는 추방된 쿠바 작가들의 글을 다룬 자신의 작품에서 이 같은 언급을 한다. 추방 역시 고통이다. 메리 데일리나 프랑스 테오렛 같은 70년대 페미니스트 작가들에게, 여성은 가부장적 언어에서 추방된 채 살아가는 존재다. 언어유희는 그들의 고통을 표현하지만, 맞서 싸울 방안이 되기도 한다. 한편, 언어유희를 번역하기란 대다수 페미니스트 작품에서 일종의 "언어-형벌"(pun-ishment)인 것으로 증명됐다.

메리 데일리의 『여성생태학』(*Gyn/Ecology*, 1978)은 미국 문화의 다양한 측면에 대한 언어유희로 가득하다. 데일리는 'the-rapist', 'bore-ocracy', 'Totaled woman'과 같은 신조어를 고안해 다소 익숙한 개념을 언급하면서 유머와 아이러니, 분노로 이를 손상시켰다. 이 단어가 함의하는 것은 다음과 같다. 'The-rapist'란 치료사들이 성폭력이나 성폭력의 위협이라는 해묵은 수법으로 여성들을 검진해 오면서 가부장제를 지지하는 것을 말한다. 'Bore-ocracy'란 관료주의가 사람들을 지루하도록 수동적이게 만들고 지루함 자체를 유지하기 위해 존재하는 것을 뜻한다. 'Totaled woman'은 원래 패션잡지 디자인의 완제품이지만 여기서는 충돌 사고 후에 차량이 완파된(totaled) 상태에 더 가까운 의미다. 이를 비롯한 데일리의 여러 언어유희는 영어에서는 상당히 잘 통한다. 하지만 독일어 번역에서는 심각한 문제를 일으키고 만다.

우선 문화적 상황이 다르기 때문이다. 여러 유형의 치료사들은 1970년대 독일에서는 미국에서처럼 그렇게 흔한 사회 현상이 아니었기에, 심리치료사들에 의해 여성이 성적 또는 감정적 학대를 당하는 문제가 노출될 일도 전혀 없었다. 이러한 이슈가 독일에서 언급되기 시작한 것은 1990년에 들어서였다. 하지만 더욱 문제가 되는 것은, 언어유희의 언어적 측면이 독일어에서는 통하지 않는다는 점이다. 독일어로 '치료사'는 *Therapeut*이고 '강간범'은 *Vergewaltiger*이다. '완파된 여성'의 경우도 똑같은 문제가 발생한다. '토털' 패션룩은 *ganzheitlich weiblich* 또는 *durchgestylt*로 번역될 수 있으나, 자동차가 '전파'될 경우 *Totalschaden*이 된다. 다시 말해, 활용될 수 있는 직접적인 언어적 관계가 존재하지 않는다. '우주선'(spacecraft)을 'womb-tomb'이라고 한 데일리 식 용어도 마찬가지다. 독일어 번역사가 간결하면서도 동음이의어가 되는 표현을 찾기란 어려운 일이다.

모든 언어유희 번역에서 그러한 어려움이 생기지만, 실험적인 페미니스트 작품 번역에서는 특별한 효과를 지닌다. 데일리의 작품을 번역한 에리카 뷔셀린크(Erika Wisselinck)는 'womb-tomb'의 예에서 페미니스트 작품이 갖는 의미를 강조하기 위해 말장난이 갖는 익살스럽고 가벼운 역할을 제거하여 언어유희를 기피하고, 직역에 의지한다. 이로써 번역본은 원천 텍스트보다 무게감 있고 진중해진다. 직역은 일말의 정보나 함축도 잃지 않으려는 생각에서 비롯된 것으로, 역자 후기에서 보충설명이 이루어지는 경우도 많다. 이렇게 하면 번역본이 두꺼운 책이 되지만, 이와 동시에 번역본은 문화적 맥락의 요인을 완성시키게 된다. 번역자는 자신이 여성운동이라는 대의명분을 위한다고 보았기 때문에, 이러한 작품에서 전통적으로 역자의 역할을 규정짓는 불가시성의 한계를 뛰어넘는 경우가 많다.

언어를 사용한 실험적 작품을 번역하기

언어를 사용한 페미니즘적 실험들은 번역가에게 또다른 문제를 야기했다. 불어 같은 언어의 문법에서 명사, 형용사, 분사의 성별을 구분해야 할 때, 페미니스트 작가들은 문법체계를 다르게 적용함으로써 이러한 성별 구분과 상징 체계를 전복시킬 수 있었다. 브로사르의 'matern*ell*', 'homoindividu*ell*', 'essentiel*le*'이나 '*ma* continent'와 같이 여성화된 신조어에서처럼, 단어를 여성화함으로써 새로운 의미를 부여할 수 있다는 말이다. 마찬가지로, 한 언어의 통사나 문체 관습이 여성의 새로운 관점에 대해 지나치게 제한적일 경우, 작가는 이것을 바꿀 수도 있다. 니콜 브로사르의 작품과 관련한 결과는 다음과 같이 기술된다.

> 브로사르는 구두법, 띄어쓰기, 서체에 관한 우리의 일반적인 기대에 도전장을 던지며 언어상의 이러한 권력관계를 혼란에 빠뜨린다. 우리가 소설이나 시를 **수동적으로** 소비하는 행태를 전복시키기 위해, 그녀는 문법적인 구성을 흐리고, 영속적인 상호작용의 과정을 통해 의미가 협상되도록 공백과 간극, 파열, 텍스트 해체 등을 도입한다. (고다드, 1984:15)

하지만 권력관계가 불어에서 와해되는 지점은 영어나 독어 등 다른 언어에서 와해되어야 하거나 와해될 수 있는 지점과 대응하지 않을 수 있다. 게다가, 그러한 텍스트를 읽는 것을 의미하는 '영속적인 상호작용의 과정'은 번역에서 길을 잃을 위험이 있어 역자는 텍스트를 덜 모호하게 만들 수 있는 명확한 언어를 선택하게 된다.

하워드 스콧은 문법에 언어유희를 적용하면 어떤 번역상의 문제가 생기는지에 대한 좋은 예를 보여준다. 루키 버시아니크의 *L'Euguélionne*(1976)에는 낙태의 정치에 관한 구절이 있는데 해당 문장은 다음과 같다.

Le ou la coupable doit être punie.

과거분사 *puni*에 *e*를 붙여서 낙태로 벌을 받는 자가 여성이라는 점을 나타낸다. 하지만 이러한 미묘한 표현은 성의 일치가 결여된 영어로는 매끄럽게 전달되지 않는다. 스콧이 선택한 해결책은 영어에서의 결여를 다음과 같이 보충하는 것이다.

The guilty one must be punished, whether she is a man or a woman.

죄지은 자는 그녀가 남성이든 여성이든 반드시 벌을 받아야 한다.

비록 영역본에서 과거분사에 변화는 없지만 버시아니크가 불어 원본에서 가리키는 법적 분리는 '그녀가 남성이든 여성이든'이라는 대목에서 분명히 드러난다(스콧 1984:35; 필자 강조).

이번에는 불어의 묵음 *e*를 이용한 언어유희가 텍스트의 다른 부분에서 보상될 수 있는 경우다. 여성화시킨 *essentielle*이나 여성성의 부재를 나타내기 위해 남성화시킨 *laboratoir* 같은 용어들은 원래 언어대로 표기하고 각주가 붙거나 그러한 특수한 적용방식에서 상실되기도 한다. 브로사르 작품을 번역한 번역자 중 하나인 바바라 고다드(Barbara Godard)는 그러한 상실을 보상하기 위해 예를 들어, *réalité*를 're(her)ality'(여성의 현실)로 *dé-lire*를 'reading/deliring'(섬망적 읽기)과 같이 영어권 독자들에게 좀 더 친숙하고 그들이 이해하기 쉬운 다른 언어유희를 사용했다고 밝혔다(고다드, 1984; 1986;1991a).

페미니스트의 글에서 대부분의 언어유희는 메리 데일리의 'womb-tomb'에서처럼 소리 연관성과 두운법을 통해 수행된다. 브로사르의 작품 『혀 아래에』(*Sous la langue*, 1987)는 실험적 시를 소리 내어 읽는 낭독의 밤을 위해 쓰인 것이다. 작품에는 다음과 같은 문장이 나온다.

> Fricate<u>lle</u> ruisse<u>lle</u> essentie<u>lle</u> aime-t-e<u>lle</u> dans le touche à tout
> qui arrondit les seins la rondeur douce des bouches ou l'effet qui
> la déshabille?

처음 네 단어를 어미 *elle*로 끝내면서 텍스트의 여성적 맥락을 강화하고, 신조어 *essentielle*과 *fricarelle*(허벅지를 서로 비빈다는 1930년대 속어)의 변형인 *fricatelle*을 만들어냈다. 뿐만 아니라, *touche à tout*와 *rondeur douce des bouches ou ...*라는 문구에서 육체적 쾌락을 암시하는 'OO' 소리가 강조되었는데, 이것은 소리와 함께 의미를 고양시킨다. 브로사르(1987)의 영역본인 『혀 아래에』(*Under Tongue*)에서, 수잔 드 로트비니에르-하우드는 어미 *elle*에 중점을 두고 대명사 '그녀'(she)에 들어맞는 방법을 모색한다.

> Does she frictional she fluvial she essential does she in the all-embracing touch that rounds the breasts love the mouths' soft roundness or the effect undressing her?

> 그녀는 가슴을 둥글게 만드는 마찰을 일으키고 강이며 필수적인 모든 것을 포용하는 감촉에서 입의 부드러운 둥근 느낌이나 그녀의 옷을 벗기는 효과를 좋아할까?

여기서 역자는 단어의 의미보다는 소리에 더 집중한다. 비록 영어에서는 'ow'('rounds', 'mouths', 'roundness')로 표현되었지만 연모음의 반복조차 거의 비슷하다. 고다드는 브로사르의 *Amantes*(브로사르, 1980; tr. 1987) 번역본에서 동음어에 기반을 둔 불어의 언어유희와 유사한 효과가 나도록 영어에서도 소리의 연관성에 중점을 둔다. 그녀가 일부러 음소 층위에서 번역을 하는 경우도 있었기 때문에, 그에 따른 오역에 대해서는 그다지 염려하지 않은 것으로 보인다.

그렇다면, 페미니스트의 실험적인 글쓰기는 실제 번역에서 어떤 의미를 갖는가? 가장 중요한 점은 언어에서 젠더라는 이슈를 전경화시켰고 번역가들로 하여금 그로 인한 기술적이고 이론적인 도전에 대응하게 만들었다는 것이다. 언어유희로 가득하고 통사가 분절된 텍스트를 맞닥뜨릴 때 번역자들은 원작자의 기법과 유사한 창의적인 기법을 고안해야 했다. 번역 작품을 보충하기 위해 번역의 차원을 넘어서기도 했는데, 텍스트의 다른 곳에서 언어유희, 문법적 전위, 통사의 전복 등의 기법을 채택해 다양한 가부장적 언어들 간의 차이를 만회해야 했다. '몸으로 글쓰기'하는 작품을 번역함에 있어, 번역가들은 여성의 몸에 대한 문화적 금기에 이름을 붙이고 이를 기술하기 위해 여러 언어에서 단어를 만들어 내거나 복구해야 하는 점에 대처해왔다. 페미니스트의 실험적인 글쓰기를 실제로 번역하는 작업으로 수많은 번역가들이 정치화되었다. 젠더와 번역에 관한 이론적 논의 대부분은 이러한 텍스트를 처음 접한 여성 번역가들에 의해 시작되었다.

개입주의적 페미니스트 번역

페미니스트의 실험적인 글쓰기에 대해 정치적인 공감을 하고 그러한 태도를 작품에 전이시키는 번역가들처럼, 이미 정치적인 번역가들은 불쾌하거나 정치적으로 용납될 수 없는 작품들에 분개할 수 있다. "진실"(1991:1)이라는 말로 단순화 한 "알려진 도덕적 사실"(46)이라는 개념을 명목으로 역자들이 원천 자료를 '수정'해야 한다고 최근 주장했던 피터 뉴마크(Peter Newmark)처럼, 페미니스트 번역자들은 페미니스트의 '진실'이라는 명목하에 자신이 번역하는 텍스트에 '수정'을 가한다. 지난 10년간 많은 여성 번역가들은 페미니스트의 시각에서 원천 텍스트에 질문을 던지고, 텍스트가 이러한 시각에서 벗어날 때 개입하여 수정할 권리를 가졌다. 그들은 개인적으로 언어에 부과하는 정치적 영향력과 번역자의 정치적 성향이 갖는 영향에 대해 주목하며 공공연하게 번역문에 개입한다. 하지만 일반적으로 번역 작품은 번역자의 정치적 성향에 영향 받지 않을 거라 기대되고 심지어 그렇게 생각되기 때문에, 번역자들의 지나친 개입주의는 다소 논란의 여지가 있다. 하지만 번역 사학자들이 주지하다시피, 고의적인 변경은 다시쓰기 텍스트에서 종종 발생했고, 일부 이데올로기의 명목하에서는 자주 발생했다.

은밀한 개입주의적 번역의 좋은 예로 1965년 동베를린에서 『나누어진 하늘』(*Divided Heaven*)이라는 제목으로 동독에서 출간된 크리스타 볼프(Christa Wolf)의 *Der Geteilte Himmel*(1963) 번역본을 들 수 있다. 이 작품에서는 어떠한 표시나 설명도 없이 대대적인 수정이 감행됐다. 무엇보다도, 젊은 여성이 신흥 사회주의 독일과 이제 막 세워진 베를린 장벽을 받아들이길 주저하며 서술하는 의식의 흐름 대목은 전부 3인칭으로 쓰여 플롯만 겨우 전달하는 것으로 바뀌고 말았다. 게다가 여자주인공이 망설이는 내용은 대부분 삭제되었다. 비평가 카타리나 폰 안쿰(Katharina von Ankum, 1993)은 신흥 사회주의의 '가부장적' 요소가 이러한 수정을 초래했을 것이라고 추정했다.

페미니스트 번역가들이 정치적인 목적으로 텍스트에 개입할 때, 그들은 자신들의 행위에 주의를 끈다. 그렇게 함으로써, 그들은 가부장적 언어의 여성혐오자적 측면이 일단 드러나기만 하면 얼마나 쉽게 해체될 수 있는지 입증해 보인다. 그들은 자신의 의사결정권을 입증하는 것이기도 하다.

마치스모 번역하기

캐롤 마이어와 수잔 질 레빈이 쿠바나 남미 남성 작가들의 작품을 번역하면서 계속해서 제기해 온 이슈는 성차별주의(sexism)이다. 그 문제에 대하여 마이어는 쿠바 시인 옥타비오 아만드(Octavio Armand) 시의 성차별주의적 내용에 초점을 두고 논의한다. 문제시되는 작품은 출생, 특히 "아버지의 자궁으로부터의" 출생이라는 이미지에 대해 말하고 있는데 마이어는 이렇게 쓰고 있다.

> 나는 아만드의 작품에서의 어머니의 역할과 나 자신이 어머니 역할에 맺고 있는 관계를 돌이켜보게 되었다. 부모의 존재를 '목록으로 작성하기' 위해 그의 시와 에세이를 다시 읽으면서 내가 알아낸 것은 아버지는 강인하게 묘사되는 반면 그림자에 불과한 어머니는 계속 희미한 흔적으로 등장한다는 것이다. (1985:5)

마이어의 작품이 "페미니즘의 시대"(*ibid.*)에 수행됐다는 사실은 그녀로 하여금 아만드의 부/모상을 면밀히 살피고 그에 대한 자신의 반응이 무엇인지 질문을 하도록 촉구한다. 이러한 학문적·문화적 맥락을 바탕으로 그녀는 자신의 비평과 번역자로서의 관점을 표출하게 된다. 그녀는 아만드의 글에서 아버지는 "삶의 모든 문구를 가능하게 만드는" 반면, 어머니는 "부재이자 얼룩"(*ibid.*)인 존재라는 점을 계속 발견해 낸다. 또, 자신의 '모국어'와 자신이 말하고자 하는 바를 표현할 능력에 대한 불안과의 연관성을 아만드가 묘사하는 방식에서 미묘한 여성혐오의 조짐을 포착하기도 한다. 그는 여성과 관련된 부정적 이미지에 이러한 불확실성을 던지는 경우가 많았다. 혀는 "다듬고, 빗질하고 광낼 수" 있는 것이지만, 신랄하고 거짓말하며 기만한다. 그것은 "소음과 혼란, … 아연실색하게 만드는 표현을 낳는 죄를 짓는 두 입술을 가진 정부"다 (상동). 또 시인의 심장은 여성의 배반이라는 "둥글고 빨간 과일"로 불타오른다.

마이어는 작가가 지닌 성차별주의 사고와 은유 체계를 밝혀낸 뒤, 다음과 같은 텍스트를 번역하는 자신의 의도에 의문을 제기한다.

> 어머니가 스스로 대변할 기회조차 주지 않은 채 목소리를 빼앗아버리고, 어머니를 혀에 비유하지만 몸은 부정하고, 어머니의 생일을 언급하지만 시인의 출생에서 어머니의 존재는 부정한다. (*ibid.*:6)

마이어에게 있어 의도의 문제는 북미 여성 번역가라는 자신의 정체성과 얽혀있다. 그녀는 아만드의 작품을 접하면서 원작자에게 '자동적이고 순종적'이던 이전의 자신의 정체성에 의문을 품게 되었다. 마이어는 이 쿠바 남성 작가의 성차별주의를 재생산할 수 없었기에, 다음과 같은 글을 남긴다. "분노를 느꼈다. 어머니가 실제 존재하고, 어머니와 그녀의 어머니들이 아버지와 그의 아버지들 옆에 나란히 자기 이름을 쓰길 바랐다"(*ibid.*:7).

수잔 질 레빈은 기예르모 카브레라 인판테(Guillermo Cabrera Infante)의 작품을 번역하면서 이와 비슷한 어려움을 겪었는데, 레빈은 인판테의 글이 "억압적으로 남성적"(1984/1992:85)이고, 자아도취에 빠져 있으며, 여성을 혐오하고 조작적이라고 한다. 실제로, 그녀가 번역한 마뉴엘 푸이그(Manuel Puig)나 세베로 사르두이(Severo Sarduy) 같은 다른 여러 라틴계 미국 작가들 역시 "이상화되거나 폄하되는 타자[로서의] 여성"(레빈, 1991:181)이라는 원형을 이용했다. 예를 들어 인판테는 언어를 사용해 "여성과 그들의 말을 조롱"(레빈, 1983/1992:82)하거나 모호하게 만들었고, 레빈은 이들 작가들이 모두 여성이라는 이미지를 사용해 "언어의 불명확한(slippery) 전략들"(1991:182)을 표현한다고 쓴 바 있다. 바꿔 말해, 여성을 다소 부정적으로 가리키는 은유와 이미지를 사용해 이들 작가들은 자신의 언어의 불확실성과 공식 언어에 대한 자신의 불신을, 그리고 동시에 여성에 대한 공포와 불신을 표출한다. 레빈은 마이어 같은 이들에게 비슷한 질문을 던진다. "여성을 그러한 책의 번역자로 내버려두는 곳은 어디인가? 이런 나르시스에게 그 원형을 한 번 더 반복하며 요정 에코(Echo) 역을 맡는 그녀는 이중 배신자가 아닌가?"(1983/1992:83)

레빈의 부분적인 답은 그녀가 텍스트에 행한 변화에 주목한다. 하지만 이러한 예문들은 아주 드물다. 레빈은 화자의 나르시스적인 자세를 깎아내리고 여성들의 강인한 측면을 복귀시킬 수 있는 분명한 예는 하나 든다. "어떠한 남성도 여성을 강간할 수 없다"(no one man can rape a woman)는 그의 "지긋지긋한" 말을 "자그마한 남자는 아무도 여성을 강간할 수 없다"(no wee man can rape a woman)로 번역한다(1983/1992:83). 원문이 함축하는 바는 여자라면 기꺼이 강간 피해자가 된다는 것이지만, 레빈은 '어떠한'(one)을 '자그마한'(wee)으로 바꿔서 이러한 '가부장적' 개념을 손상시킨다. 스페인어본과 영어본을 모두 접하다 보면, 'one'과 'wee'가 갖고 있는 두운적 측면은 레빈의 노골적인 위험감수를 돋보이게 하는 유희의 원천이 된다. 마이어의 작품도 마찬가지로 예문을 찾아보기는 어려운데, 마이어 역시 실제 텍스트에 개입하기보다는 원천 텍스트에 있는 여성혐오에 대한 불쾌감에 대해 더 많은 이야기를 한다.

이렇듯 마이어와 레빈의 텍스트 모두 남성 인물에 권위를 상정하고 권위를 부여하는 틀에 박힌 태도와 여성에 대한 전형적인 용어와 이미지에 대하여 반발하고 있다. 하지만 두 번역가 모두 검열, 즉, 비번역을 선택지로 생각하지는 않는다. 그들이 선택한 해법은 어머니를 복권시키거나 남성을 축소시키되 독자들이 작품을 계속 읽어나가도록 곳곳에서 텍스트에 손상을 가하는 것이다.

자기주장적 페미니스트 번역

수잔 드 로트비니에르-하우드(1991)의 작품의 어조는 덜 타협적인데, 이 작품은 퀘벡이 언어적으로 정치화된 지 불과 몇 년 지나지 않았을 때 등장했다. 그녀는 텍스트에서 페미니즘적 개입에 대한 변명이나 해명은 하지 않지만 설득력 있는 이유는 많이 제시하고 있다. 드 로트비니에르-하우드는 페미니스트 번역을 공공연하게 실천하면서 퀘벡의 실험적인 여성적 글쓰기(*écriture an féminin*) 담화의 참여자이자 정치적이고 페미니스트적인 주체로서 자신을 분명히 위치시킨다. 그녀에게 있어 글쓰기나 번역이라는 행위는 중립적인 것이 아니며 여성적 다시쓰기(*réécriture au féminin*)는 다음과 같이 의식적인 행위이다.

> met cartes sur table dès le début. Son projet est de faire entrer la conscience féministe dans l'activité traductive. [...] la traduction se présente comme une activité politique visant à faire apparaître et vivre les femmes dans la langue et dans le monde. (*ibid.*:11)

> 처음부터 패를 보여준다. 그것은 번역의 실천이 페미니스트 의식에 고취되도록 하는 기획이며 [...] 이에, 번역은 여성이 언어와 사회에서 가시화되고 거주할 수 있도록 하는 목적을 지닌 정치적인 행위가 된다. (필자 번역)

그녀의 견해에 따르면, 여성혐오주의나 여성들의 침묵이라는 이슈는 지적만 할 것이 아니라, 불균형을 바로잡고 여성을 언어 속에 올바르게 위치시키는 신중한 페미니즘적 개입으로 해결되어야 하는 것이다. 그리고 검열은 역자의 정신 건강이라는 사유에 한해서만 선택사항이 될 수 있다. 이 주제에 대해 드 로트비니에르-하우드는 루시앙 프랑코어(Lucien Francoeur)의 퀘벡 록음악 서정시를 번역한 번역가로서의 데뷔를 이렇게 표현한다.

> 프랑코어는 필자가 번역한 처음이자 마지막 시인이 되었다. 그의 시를 번역하느라 보낸 3년 동안 필자는 역자로서의 내 목소리가 남성적인 말하기로 왜곡되고 있다는 자각에 상당히 고통스

러웠다. 시의 태도, 언어, 내가 갖고 있는 직업에 못 이겨 남성 관음증자 역할을 맡았다. 말하기가 가능한 유일한 장소와 유일한 청중은 남성의 몸을 하고 있는 듯 했다. 나는 의미를 둘러싼 채 심한 우울감에 빠졌다. (1995:64)

그런 관점에서 여성 작가들의 작품만 번역하기로 한 드 로트비니에르-하우드의 결정은 "페미니즘이라는 미명하의 검열이라는 역설"(마이어, 1985:4)로 매도될 수도 있는데, 이는 가부장제하에서 전통적으로 여성 작가들이 당한 배격에 비유된다. 그녀로서는 이것이 자기보호의 문제였지만, 독자로서는 번역자의 여성 정체성과 페미니스트 주체성이 번역 작품에 얼마나 개입하는지 보여주는 셈이 된다.

이러한 자기주장적이고 개입주의적 번역 실천의 선례로 '일반적인'(generic) 글에 대한 드 로트비니에르-하우드의 번역을 들 수 있는데, 이러한 글쓰기는 불어와 불어 문법의 '보편적인' 형식을 사용해 남성위주의 단어 형태와 성 일치에 있어 여성에 대한 지시표현을 표면적으로 포함하는 것을 말한다. 그녀는 "여성을 가시화하고 여성을 언어와 사회 속에 주재시키는" 목적을 추구하기 위해 '일반적인' 불어로 쓰인 텍스트의 영역본 전체를 고의적으로 여성화한다. 더 나아가, 그녀는 독자들이 자신이 수정한 내용을 알 수 있도록 작품에 역자 서문과 상당량의 각주를 포함시켰다.

문제의 원천 텍스트는 리즈 고뱅(Lise Gauvin)의 『타자의 편지』 (Lettres d'une autre)(드 로트비니에르-하우드, 1989)인데 이는 퀘벡을 방문 중인 '페르시아' 여성이 해외에 있는 친구에게 보낸 서간집이다. 서간체 형식은 원저자로 하여금 이방인이 외부인의 눈을 통해 1980년대 퀘벡의 현실을 목격하고 이에 대해 언급하는 허구를 유지시켜 준다. 역자 서문에서, 리즈 고뱅은 페미니스트로 제시되는데, 편지를 주고받은 이들이 여성이라는 점에서 페미니즘적 공모 내지 결탁을 어느 정도 예상할 수 있다. 하지만 번역본에서 페미니즘적 개입이 들어갈 여지는 여전히 많다. 드 로트비니에르-하우드는 서문 '다른 곳의 **그녀**에 관하여'에서 다음과 같이 설명한다.

> 독자 여러분께,
> 여러분에게 몇 마디 알려드리자면, 이 번역본은 제가 불어로 처음 읽었던 것을 여성적 글쓰기로 다시쓰기 한 것입니다. 내용을 말하는 게 아닙니다. 리즈 고뱅은 페미니스트이고 저 역시 그렇습니다. 하지만 제가 그녀인 것은 아니지요. 고뱅은 일반적인 남성적 언어로 글을 썼습니다. 저의 번역적 실천은 언어로 하여금 여성을 대변하도록 하는 정치적 행위입니다. 제가 번역본에 남기는 발자취 역시 같은 의미지요. 이 번역본은 언어에서 여성성을 가시화하도록 가능한 모든 페미니스트 번역 전략을 사용했습니다. 언어에서 여성성을 가시화하는 것은 실제 세계에서도 여성들이 보이고 그 목소리가 들림을 의미하기 때문입니다. 그것이야말로 페미니즘이 말하고자 하는 바입니다. (드 로트비니에르-하우드, 1989:9)

이러한 단언적인 어조는 마이어나 레빈과는 사뭇 대조를 이룬다. 드 로트비니에르-하우드는 가부장적 언어를 향한 불쾌감이나 실망감을 설명함으로써 자신의 개입주의적 방안을 완화하려 하지는 않는다.

또한 자신의 정치적 입장을 분명하게 밝히고 번역을 정치적 실천으로 규정짓는다.

드 로트비니에르-하우드는 나머지 서문에서 자신이 수정한 유형의 예를 들어 보인다. 이 중에서 가장 논란이 되는 것은 첫 번째 역자 각주의 표제어다. 그녀는 퀘벡 주민을 가리키는 형용사 *Québécois*를 *Québécois-e-s*라는 영어로 번역했다. 그러니까 (퀘벡의 모든 여성 주민을 포함하는 것으로 추정되는) 불어의 남성형 복수 형용사에서 원천언어의 페미니즘적 신조어−여성형에 하이픈과 묵음 e를 추가한 것−를 사용하여 영어로 번역한다. 따라서 영어본에는 Québécois의 여성형 신조어가 간간이 삽입되어 있는데, 이 단어는 "양성을 모두 포함하는 비차별적 문법 표기"(1989:25)로, 첫 번째 각주에 기술되어 있다. 서문에서 설명하는 다른 수정사항에는 일반적인 영어 어순의 파괴도 있다. 그녀는 '일반적인 남성어'(generic malespeak)를 기피하며 '그녀와 그의', '여성과 남성'이라는 말을 사용한다. 성별 구분이 모호한 불어의 *ils*(그들) 같은 대명사의 남/녀 지시를 분명히하고 *la victoire de l'homme*(남자인간의 승리) 같은 "부조리한" 용어나 여성을 *maîtres de la cuisine*이라고 하는 부르는 것을 번역적 혹은 생생한 장치들을 사용해 훼손시킨다.

흥미롭게도, 드 로트비니에르-하우드는 이러한 번역 유형이 현대의 문화적 맥락 즉, 덜 급진적이지만 여전히 페미니즘적인 원천 텍스트를 출간하기 위해 영어권 페미니스트 출판사와 작업하는 페미니스트 번역가라는 맥락 덕분에 가능하다고 인정한다. 이러한 정치적 관점의 수렴은 1970~80년대 페미니스트 행동주의가 만들어 낸 대표적인 유형이다. 그러한 정치적 환경에서 젠더 차이에 관한 의문들은 번역에 쉽게 영향력을 행사한다.

가부장제에서 '상실된' 여성 작품들을 되찾기

  페미니스트의 지적에 따르면 가부장적 정전이 여성 작가들에게 는 해를 끼치면서 남성 작가의 작품에는 특권을 부여하는 측면에서 전통적으로 미학과 문학적 가치를 규정해왔다. 그 결과 여성들이 쓴 글 대부분이 '상실'되었다. 최근의 페미니스트 사회운동이 문학사에 다수의 여성 작가를 포함시켰음에도 불구하고, 이러한 상실은 20세 기도 마찬가지다. 초기 여성작가들의 경우 특히 더 그러한데, 이들의 작품을 문학 사학자들에 의해 발굴되고, 또 문학비평가들에 의해 다 시 읽혀져야 한다. 번역은 이러한 초기 여성 작가 대다수의 지식과 경험, 창의적 작품을 접할 수 있게 하는 중요한 역할을 하기 시작했 다. 그러한 작품 중 다수가 최근 번역본으로 등장했는데, 원천 텍스트 와의 전후맥락을 설명하고 번역본이 제기하는 일부 문제들을 논의하 는 학술적 논문이 번역본에 함께 수록되는 경우가 많았다. 다이앤 레 이어(Diane Rayor)의 고대 그리스 여성 시인들의 서정시 모음집 (1991)이 그 중 하나이고, 그리스 자킨토스 섬 출신의 19세기 상류층 여성인 엘리사벳 무찬-마르티넨고(Elisavet Moutzan-Martinengou)의 일대기를 헬렌 덴드리노 콜리아스(Helen Dendrinou Kolias)가 번역 한 영역본(콜리아스, 1989)이 또 다른 하나다. 두 권짜리 *Women*

Witing in India(타루와 랄리타Tharu and Lalita, 1991/1993) 같이 번역에서의 여성의 글을 모은 다수의 선집도 젠더 의식의 생산적인 번역 효과를 보여주는 또 다른 예가 된다.

'상실된' 여성 작가들의 지식과 영향력 회복이라는 기획은 선집 *Translating Slavery. Gender and Race in French Women's Writing, 1783-1823*(Kadish & Massardier-Kenney, 1994)에서 분명히 추구하는 바다. 이 선집은 18세기 후반에서 19세기 초반 사이에 당시 저명인사였던 세 프랑스 여성의 작품을 모아 번역하고 논의한다. 이 책은 인종, 특히 노예에 대한 그들의 태도에 초점을 둔다. 올랭프 드 구즈(Olympe de Gouges), 제르망 드 스탈(Germaine de Staël), 클레어 드 뒤라(Clair de Duras)의 원천 텍스트를 번역하여 그들의 역사적·문화적 맥락에 위치시킨다. 편집자와 번역자들은 이 책에 함께 수록된 논평에서 이러한 텍스트가 가부장적 전통 내에서 연구하는 학자들에 의해 왜 무시당하고 폄하되었는지 논의하고, 이러한 작품들을 부활시키기 위한 자신들의 주장을 제시한다. 가장 중요한 주장 중 하나는 자신들이 살았던 사회의 규범과 가치에 저항했던 여성 지식인들의 계보를 발굴하고 확립해야 한다는 것이다. 이 경우에 있어, 그런 여성 지식인들이 쓴 노예 폐지론자적 글을 복권시키고, 보존하고, 강조해야 한다. 그렇지 않으면 선구자들이 이룬 성과를 후대 여성들이 망각할 것이기 때문이다. 이것은 분명 가부장제에서 '상실된' 지(知)를 회복하는 작업에 스스로를 각인시키는 기획이다.

하지만 이러한 기획에는 다른 목적들도 있다. 구체적으로, 이 책은 이전에는 거의 번역되지 않았던 노예 폐지론자 텍스트의 영어본을 소개하는데, 이로써 프랑스 혁명기와 나폴레옹 시기의 노예제 반대론의 글에서 지식의 간극이 메워질 것이다. 또, *Translating Slavery* 선집은 글쓰기와 번역을 통해 노예 폐지론 사회운동에 일임했던 여성들의 역할을 강조하며, 1783년부터 1823년까지 약 50년의 기간에 걸쳐 유럽에서 노예 폐지론자, 젠더와 번역 사이에 일어난 상호작용을 보여주고 이를 논한다. 하지만 이 선집이 18, 19세기 텍스트와 지금의 독자와 번역자들 사이에 존재하는 역사적, 문화적, 담화적 차이를 인정하고 이에 대해 언급한다는 점 역시 마찬가지로 중요하다. 이 책은 미적·지적 기준이 상대적이라는 점을 지적하며, 이 때문에 번역자가 떠안게 되는 문제들을 논의한다. 무엇보다 번역을 가장 중심에 두고 모든 번역된 텍스트를 형성하는 이데올로기적 측면에 대해 활발히 논하고 있다.

Translating Slavery 선집의 중심 전제는 18, 19세기 유럽과 북미에서 여성들이 노예 폐지론의 중요한 사상가이자 작가로 간주됐다는 점이다. 그들의 태도와 작품들은 영국 왕정복고기와 프랑스 계몽주의 시대에 발전한 사상에서 비롯하여 그러한 사상을 육성시켜 나갔다. 당시 작품들은 번역되어 다른 정치적, 허구적 작품에 영감을 주었다. 아프라 벤(Aphra Behn)의 *Oronoko*(1696)와 불역본 *Oronooko*(1745)는 이러한 발전상의 초기에 해당하고, 1853년에 두 가지 불역본으로 출간된 해리엇 비처 스토(Harriet Beecher Stowe)의 『톰 아저씨의 오두막』(*Uncle Tom's Cabin*, 1852)은 후기를 장식한다. 그 사이에 올랭프 드 구즈, 제르망 드 스탈, 클레어 드 뒤라의 작품들이 자리한다.

*Translating Slavery*에 나오는 번역본들은 함께 수록된 논문에서

분명히 드러나는 재구성의 전략을 따른다. 그들은 다양한 방법을 사용하여 원작자들이 인종과 젠더에 관한 다양한 의견들을 통합하는 방식을 복구하고 강조한다. 예를 들어, 올랭프 드 구즈의 희곡『흑인 노예제』(*L'esclavage des noirs*)의 번역자인 메리앤 드줄리오(Maryann DeJulio)는 "정의와 연민이라는 추상적인 개념에 관련된 모든 소유형용사와 대명사를 여성형으로 바꾸어"(캐디쉬와 마사르디에-케니Kadish and Massardier-Kenney, 1994:127) 자신이 언어의 젠더화된 측면을 어떻게 활용하는지 설명한다.

> 작가적 생산성의 산물('그녀의 글')과 더불어, "작가"라는 총칭을 여성형으로 바꾸는데, 이것은 자신의 젠더를 미덕과 선의 재현이라고 여기는 작가 구즈와, 남성들이, 심지어 유색인 남성들조차 폭군을 흉내 내거나 자신의 "조국"에 의해 노예 신세로 살아갈 때 이들 간의 분명한 선을 긋기 위한 것이다.

드줄리오는 텍스트의 "감정적인 신랄함"이 그러한 해석과 번역을 보장하는 것을 유지시키면서 여성을 "미덕과 선의 재현"과 동일시하는 구즈와 뜻을 같이한다.

다른 번역가들은 드 로트비니에르-하우드의 '일반적' 언어에 대한 작업을 연상시키는 '수정적' 경향을 보이며 여성 주인공이 20세기 후반의 기호로는 지나치게 감성적이거나 멜로드라마적으로 표현된 지점에 개입한다. 번역자나 편집자 모두 자신의 작품에 수세기에 걸친 여성들의 연대라는 수사를 삽입한다. 일반적으로 그들은 원작자들이 연결 지은 "아프리카인들과 프랑스 가부장제하의 여성들이 당하는 억압"(캐디쉬와 마사르디에-케니, 1994:127) 사이의 연관성을 강조하고, 원작가들에게 씌워진 "프랑스 중심주의"(*ibid.*:142ff, 스탈), 범속함(*ibid.*:79ff, 구즈), 미묘한 인종차별적 편견(뒤라) 같은 혐의를 옹호해가면 여성을 반노예정서와 결부시킨다. 따라서 이들은 가부장적 학계에서 오랫동안 간과되어온 여성들의 작품을 접할 수 있게 하고 신뢰를 부여하며, 그렇게 함으로써 글쓰기와 번역 정치, 문화와 젠더라는 이슈 사이에 연결고리를 만들고자 하였다.

추가적인 수정 조치

페미니즘적 번역 기획이 융성할 수 있게 해주는 특수한 문화적 상황은 *Translating Slavery*의 서문에서 인정되고 있다. 대학 출판사, 공감하는 독자, 여성 작가와 여성 번역가들이라는 맥락은 "텍스트에서 여성성을 가시화하고 가치화하는 것"(마사르디에-케니, 1994:17)을 가능하게 해주었다. 하지만 20세기 후반의 독자들에게 맞게 18세기 텍스트에 '가치를 부여하기' 위해서는 상당량의 중요한 변경이 이루어져야 했다. 18세기 후반 여성 작가들은 대항적인 행위에 대한 20세기 후반식 사고로 바로 전이될 수는 없다. "여성 등장인물에 권한을 부여하려는 번역자들의 욕구는 다양한 선택을 가능케 했다"(1994:17).

이후, 18세기 후반의 대항적인 여성성 담화가 부활해 20세기 정치화된 여성들의 기대와 마주하게 되는데, 이로써 200년 후에 발전된 사상과의 접촉이 이루어졌다. 다수의 번역본에서 원천 텍스트와 번역된 텍스트의 출간일이 서로 동떨어진 경우가 바로 이 경우에 해당한다. 하지만 다른 사례와는 달리, 이 선집은 조정(adjustment) 과정을 공공연하게 인정하고 있다.

> 번역의 실천이 항상 "이론"의 실천이거나 이데올로기적 입장에서 비롯된 작업이지만 특정한 실천에서부터 번역이론이 필연적으로 등장하기도 한다는 점을 인정하는 풍조를 따라 이 책의 공동작업자들은 이러한 텍스트들을, 말하자면 첫 장부터 마지막 장까지, 이동시키고 대면시키고, 혹은 "흠집을 내고자" 한다. (마사 르디에-케니, 1994:12)

이 경우에 있어 특정한 실천이란 문학에서의 젠더와 인종을 다룬 북미 지역의 연구와 관계가 있다. 예를 들면 문학사의 관점에서, 이러한 번역 실천은 지난 세기의 '대항적' 여성들이 쓴 작품을 부활시켜 접할 수 있게 해준다. 또한 이것은 교육받은 여성들이 특히 억압받은 이들이나 소외받은 이들과 계속 관련 있었음을 상정한다. 젠더에 관한 현대적 담화와 번역에 대한 영향이라는 관점에서는, 이러한 번역본이 여성들의 '저항'을 강조하고, 동시에 여성들 간의 차이를 드러내고 논의하기도 한다. 아프리카 출신 미국인 번역자에게는 드 스탈의 작품이 자신이 자라난 미국에서의 인종주의적 태도를 상기시킬 테지만, 유럽인 번역자는 드 스탈의 『미르자』(*Mirza*)가 지닌 이러한 측면에 민감한 반응을 보이지 않을 것이다. 마지막으로, 인종차이에 관한 담화의 관점에서, 이러한 작품들이 식민주의 번역이라는 이슈를 제기한다. 원천 텍스트의 식민주의적 입장을 시정하기 위해 원작의 불어 일부를 카메룬 언어 중 하나인 월로프어로 번역하는 것에 대해 한 때 논쟁이 있었다.

　개입주의적 측면은 18세기 작품이 20세기의 가치에 부합하지 않는 부분에서 아마도 가장 뚜렷하게 드러날 것이다. 예를 들어, 제르망드 스탈의 작품『미르자』는 젠더와 관련한 특정한 문제를 제기하는데, 바로 여자 주인공 미르자가 흑인인 것이다. 그녀의 고상한 성품을 표현하고 유럽의 일부 인종주의적 사고에 대응하기 위해, 스탈은 미르자의 화법을 대단히 문학적이고 세련된 방식으로 표현했다. 현대의 독자들에게도 의미 있는 목소리를 구현하길 바랐던 번역자는 수정을 감행했다. 그녀는 다음과 같이 설명한다.

> 미르자의 낭만적 과잉이 다소 거슬렸다. 분명히 말하건대, 필자의 번역본에서는 그러한 과잉이 유연해지고 그녀의 화법이 가치를 얻길 바랐다. 독자들이 영역본만 읽어도 진기함이나 낭만과는 다른, 그러한 목소리가 지닌 힘을 텍스트로부터 느낄 수 있도록 하였다. (*ibid*.:175)

목소리의 이러한 차이는 번역에서 이슈가 되는 경우가 많다. 어떤 시대에는 다른 시대와는 다른 화법을 사용하므로, 이 경우에서처럼, 부적절한 (여기서는 미사여구가 많은) 화법이 당황스럽거나 불쾌할 수 있다. 페미니스트 이데올로기라는 명목으로 이렇게 목소리를 바꾸는 것은 눈에 거슬릴 뿐만 아니라, 더 나아가 개입을 하는 것이다.

유사한 문제가 클레어 드 뒤라의 작품 『우리카』(*Ourika*)에서도 발생한다. 번역본은 여성의 목소리를 들려주려는 페미니스트의 의도에 부합하도록 "흑인 여주인공의 유창한 언변을 한껏 고양시킨다"(캐디쉬와 마사르디에-케니, 1994:16). 하지만 여성의 목소리가 지닌 어떤 유형은 다른 유형보다 더 가치 있기 때문에, 앞서 살펴본 경우에서처럼 현대화 내지는 심지어 윤색이 필요한 부분도 있다. 결과적으로 『우리카』 번역의 경우, 번역자들이 "우리카라는 인물이 낮은 목소리로 징징댄다고 들리는 부분을 고의로 삭제하였다"(*ibid*.:16). 서설에서 설명하는 것처럼, "억압받았지만 기품 있는 유색인 여성"을 제시하는 텍스트를 생산하는 것이 그 의도였다.

여성들의 문화가 만나는 이러한 중요한 교차점은 흥미로운 대목이 된다. *Translating Slavery*의 의도가 지배담론에 대한 여성들의 대항이라는 전통을 확인시켜주기 위함이라고는 하지만, 이러한 전통이 반드시 주어진 것만은 아니다. 창조되어야 하는 것이다. 그렇게 하기 위한 한 가지 방법은 여성과 여성들의 목소리가 동시대의 기대와 더 이상 대응하지 않는 곳에 개입해서 대응하도록 만드는, 다시 말해 수정 조치를 실시하는 것이다.

그러므로 페미니즘 시대의 번역은 이전 여주인공의 다시쓰기 즉, 다른 시대의 여성들에게 주어졌던 그러한 젠더화된 자질과 태도의 다시쓰기이기도 하다. 젠더 의식에는 검열적인 측면 못지않게 축하할 만한 측면도 있다.

이론과 신화를 수정하기

    번역과 번역학에 미친 페미니즘적 영향은 1970년대 후반 이래 출간된 작품에 추가된 진술문, 이론적 글쓰기, 서문, 각주 같은 메타텍스트에서 쉽게 찾아볼 수 있다. 번역가들은 이러한 텍스트에서 자아감을 드러내려는 경향을 강하게 나타내면서 젠더화된 다시쓰기 작가로서의 자신의 정체성을 작품에 투영시키고 있다는 인식이 점점 더 높아지고 있다. 번역가들은 자신의 번역서를 소개하고 논평하고 설명을 붙이기도 한다. 이들은 번역자의 업적이나 번역된 텍스트에 함께 수록되기도 하는 역사, 문학, 전기에 관한 연구를 부각시키는 논문이나 '워크숍 보고서'를 작성하며 더 많은 영향력을 발휘하고 있다. 다른 이론적인 작업은 번역에 대한 관습적인 수사와 이를 둘러싼 신화를 비판하는 데 있어 가시적이다. 이것은 번역자가 원문이나 번역문에 개입하여 영향을 미치지 못하는 일종의 투명한 통로에 불과하다는 고전적 의미의 '불가시적인' 번역자라는 개념에서 벗어나려는 단합된 움직임의 일환이다. 젠더가 텍스트 생산에 있어 필수적인 요소로 간주되면서, 정치의식이 높은, 또는 정치 참여에 적극적인 번역가들에게 관심이 모아지면서, 이들은 텍스트에 대한 자신의 영향력을 의식하고 그것을 강요하려 들 수 있다. 하지만 번역가로서는 서문이나 다른 자료에서 정치적 행위를 선언하는 것이 번역을 통해 실천하는 것보다 훨씬 용이하다. 이는 번역된 글에 항상 반영되지는 않는 특징인 좀 더 투쟁적인 선언문 같은 특징을 설명해 줄 수 있다. 이번 장에서는, 여성 번역가들이 원전에 굴복하는 고전적인 개념으로부터 스스로 해방시켜 온 임시적이고 윤리적으로 어려운 과정에 주목하며, 젠더와 번역의 상호교차로 비롯된 이론적 발전에 대하여 좀 더 논의하고자 한다.

역자 서문을 통한 자아감 표출

페미니즘에 영향 받은 문화적 맥락에서 출간된 번역서에서는 젠더화된 개인으로서 개별 번역자가 작품에 남기는 표식인 '번역자-효과'에 주의를 기울이는 메타텍스트가 주목할 만하다. 역자가 자신을 페미니스트라고 여기는 경우, 이러한 텍스트에서 번역자의 강한 자아감이 표출된다. 장 드릴(Jean Delisle)이 중세 번역가와 페미니스트 번역가 간의 놀라운 유사점을 논하면서 밝힌 바와 같이, 페미니즘적 번역 주체는 "여성성과 페미니스트의 가치를 단언하며 명시적으로 존재한다"(1993:209, 필자 번역). 캐나다에서는 페미니스트 번역자의 자아감이 번역자/원작자 사진, 번역자/원작자 연보 등의 파라텍스트에 의해 강화되는데, 여기에는 작가의 중요성나 번역자의 개별 기여도, 지위에 따른 차이를 찾아볼 수 없다.

　　캐나다의 경우는 관련 페미니스트의 관심사가 동시에 우연한 조합으로 모인 특정한 상황으로, 일종의 이변이라 할 수 있다. 번역자가 스스로를 새로운 (번역) 작품의 공동 저자로 본다는 드릴의 주장(1993:22)은 모든 경우에 적용되지 않을 수 있다. 많은 문화에서 여전히 존재하는 보다 관습적인 관점에 대해서는 최근 독일의 번역가 베아테 틸(Beate Thill, 1995)이 언급한 바 있다. 독일 번역가들의 저널인 『번역가』(*Der Übersetzer*)에 게재된 여성 번역가들의 수상 소감 연구에서, 틸은 이들 여성 번역가들이 자신의 일을 가장 겸손한 말로 표현한다는 것을 알게 되었다. 자신들은 조용히 짐을 지고 주인의 발자국을 따라가는 '셰르파'이자, 여러 문화 사이에서 글을 옮겨 나르고 허드렛일을 하는 '뱃사공'(원문 그대로)이다. 자신들의 일은 과도기에 있는 것이므로, 일시적일 뿐이다. 틸의 평가에 따르면, 눈부신 성취와 대중의 인정에도 불구하고 이러한 겸손함이 유지되는 것은 정체성의 문제와 연관이 있다. 보통의 번역자들은 두 문화 사이에 살지만 여성 번역자들은 적어도 세 문화 사이에서 사는데, 이는 가부장제(공적인 삶)가 도처에 존재하고 있는 세 번째 문화이기 때문이다. 공감과 복종, 근면성이 가치를 인정받는 사적인 영역으로의 여성의 사회화와 여성이 전문적인 삶에 참여할 때 떠안아야 하는 이중 방향성은 그들을 불확실하고, 갈팡질팡하게 만들며 계속해서 '양가적인 정체성'에 대응하도록 만든다. 스스로를 '셰르파'나 '문학 시장의 막노동꾼'으로 여기는 자기평가에는 이러한 점이 부분적으로 깔려 있다. 그러한 수사는 '번역자-효과'의 주체적이고 젠더화된 측면을 통합하는, 번역에 대한 현대의 영어적 접근방식이 극복하고자 하는 바이다.

번역자의 정체성 주장하기

수잔 질 레빈(Suzanne Jill Levine)은 쿠바 작가들이 여성혐오주의를 추구한다는 사실에도 불구하고 그녀가 그들에게서 느낀 매력을 설명하고자 했다. 이러한 레빈의 설명에는 분명 개인적인 정체성이나 관심사가 개입하게 된다. 그녀 자신이 뉴욕 유태인식 유머감각을 갖고 있어서 카브레라 인판테(Cabrera Infante)가 구사하는 세상 물정에 밝은 말장난에 대응한다. 레빈은 자신이 카브레라나 다른 라틴계 미국인 작가들의 작품이 지닌 여러 측면들을 '전복시킬' 자격이 있다고 생각하는데, 이는 자신이 이들의 작품에서 그러한 '전복'에 대한 근거를 발견했기 때문이다. 번역을 "좀 더 발전된 단계의 글쓰기"(1983/1992:79)라고 보는 레빈의 관점에 따르면 그녀는 그들의 글을 '진보시키는' 것이므로 영어에서 말장난이나 두운법을 적용하거나 확장하기가 더 용이해진다고 여긴다. 작가들이 지닌 '전복적인' 다양성과 개방성을 선호하는 점은 그녀로 하여금 '전복적인' 요소로서 여성들을 간주하는 페미니즘적 관점과 비교하게 만든다. 다시 말해, 이러한 작품들에 대한 그녀의 주관적인 해석은 그녀가 똑같이 주관적으로 번역할 수 있는 토대가 된다. 레빈은 이러한 '번역자-효과'에 개인적, 자전적 정보를 명시적으로 포함시키고, 여성들의 작품을 정당화시키는 돔나 스탠튼(Domna Stanton), 줄리아 크리스테바, 엘렌 식수와 같은 현대의 권위 있는 페미니스트 이론가들에게 의지하며 그들로부터 인정받는 것이 중요하다고 여긴다. 이렇게 '권위'를 언급하는 것은 그녀의 번역이 번역에 대한 페미니즘적 사고에 있어 초기에 진행됐기 때문인지도 모른다. 하지만 '페미니즘의 시대'에 페미니즘적 사고를 꼭 지지하거나 이로부터 지지받지 않는 자료를 번역(공동 저술)하는 것에 대해서 정당화가 필요한 것도 그 이유가 된다.

옥타비오 아만드(Octavio Armand)를 번역하는 것에 대한 캐롤 마이어(Carol Maier)의 생각도 이와 비슷한 괴리에서 출발한다. 그녀가 미국계 페미니스트라는 배경은 여성을 모호하게 만들고 조롱하는 쿠바 원천 텍스트와 충돌한다(마이어, 1985). 그녀는 일인칭 단수로 작성된 수록 논문에서 아만드의 **마치스모**에 대한 개인적인 반응을 기술하고, 완전히 가부장적인 글을 중재하는 자신의 역할과 페미니즘적 윤리 사이에서 조화를 이루려고 한다. 레빈의 경우에서처럼, 역자 자신의 목소리와 페미니스트로서의 양심을 분명히 피력하고 있다.

여성 작가들에 대해 연구하고, '상실되거나' 새로운 자료를 접하도록 하는 번역가들에게는 윤리적인 문제가 거의 발생하지 않는다. 그들은 페미니즘적 기획 내부에서 글을 쓰고 있기 때문이다. 하지만 샤론 벨(Sharon Bell, *Translating Slavery* 참여 작가)의 인터뷰는 이러한 페미니즘적 기획이 항상 순조롭지만은 않음을 보여준다. 그녀는 아프리카계 미국인으로서, 제르망 드 스탈 작품의 압축적이고 상투적인 흑인 재현에 있어 여느 유럽 번역가보다 훨씬 섬세한 감성을 발휘한다. "저는 제 자신의 추정에 따라 [텍스트를] 읽었습니다. 그것은 일부는 미국의 인종 담화를, 또 일부는 스스로가 그러한 담화의 희생자가 되었다는 사실을 바탕으로 형성된 것이지요"(캐디쉬와 마사르디에-케니, 1994:175)라고 벨은 말한다. 즉, 다른 미국인들과 유럽인들이 "인종차별적인 담화의 일부가 아닌, 인종에 대해 글을 쓰는 여성들의 전통"(ibid.)을 재구성하는 데 초점을 둔 기획에 관여한 반면, 벨은 미국에서 자라면서 겪은 인종차별적인 담화 유형이 반복되는 특정 문구에 분개했다. 한 가지 예를 들자면, "너무 화가 나서 그 문장이 무얼 말하는지 쓸 수 없을 정도"(ibid.)였기 때문에 그녀는 흑인을 "야만인"이라 부르는 대목을 바꿔야만 했다.

번역에서 이러한 유형의 개인적 어려움은 학문적 논의의 대상이 되는 경우가 그리 많지 않았다. 하지만 여성 번역가들의 현대 작품에서 역자의 페르소나를 언급하는 대목을 찾는 것은 드문 일이 아니다. 고대 그리스 여류 시인을 번역한 작품 『사포의 리라』(Sappho's Lyre에서 다이앤 레이어(Diane Rayor)의 학술적인 서문은 다음과 같이 분명히 밝힌다.

여기서 번역문은 고대 시에 대한 개인적인 반응을 반영하고 있다. 이러한 필자의 반응은 그리스인과 시의 역사적 맥락에 대한 본인의 지식에 말미암은 것이다. 나의 젠더, 현대 미국인 문화라는 나

의 배경, 현대 미국 시에 대한 개인적인 향유 역시 그러한 반응에 영향을 주었다. (1991:18)

그녀의 번역이 이러한 개인적인 요인을 얼마나 반영하는지는 여기서 문제가 되지 않는다. 중요한 것은 자기 자신, 자신의 젠더, 자신의 문화적 맥락이 작품에 미치는 영향력이라고 여성 번역가들이 반복적으로 언급한다는 점이다. 이것은 '셰르파'나 '막노동꾼' 같은 비유로 표현되고, 캐나다에서 왕성하게 활동하는 여성 번역가 쉴라 피시먼(Sheila Fischman)이 최근 되풀이한 전통적인 관점과 정반대 선상에 있다. 그녀는 자신의 작품에 대한 리뷰어의 반응을 두고 제기된 질문에 다음과 같이 답한다.

리뷰어가 설사 "잘 읽힌다" 같은 간단한 말을 하더라도, 저는 충분히 기쁩니다. 왜냐하면 적어도 영어 텍스트를 만든 건 번역자라는 사실을 인정해준다는 것이기 때문입니다. 우리는 그 이상은 바라지도 않습니다! (사이먼, 1995:193)

피시먼은 자신의 작품이 대체로 불가시적이길 바라는 구식 번역가임이 틀림없다. 하지만 페미니스트 번역가와 페미니스트 사회운동의 결과로 작업하는 여성들은 이러한 입장을 거부한다. 그들은 작품이 인정받고, 역자의 개성이 인정받길 원하며, 자신의 작품을 기꺼이 "의무감과 책임감으로"(콜리아스, 1990:217) 옮기고자 한다. 이러한 이유로, 역자의 특징을 '과시하는' 역자 서문이나 소개글, 논평들이 증가하고(고다드, 1986:7) '번역자-효과'의 측면들로 전기나 정치적 소속, 성적 지향성, 인종적 배경 등을 언급하기도 한다. 앨리스 파커(Alice Parker, 1993)는 최근 '다중 젠더' 혹은 '다성애적' 번역이론을 발전시키려는 시도와 성행위를 연관 짓기도 했다. 드 로트비니에르 하우드(1995)는 개인적 발전이 번역가로서의 발전과 얼마나 긴밀하게 연관되어 있는지 밝혔다. 말럿(Marlatt, 1989)은 '급진적인 레즈비언' 사고를 가진 자신의 정치적 소속을 브로사르와의 번역 협력관계의 기초로 삼았다. 플로토우(1995)는 텍스트의 선정과 번역에 있어 역자의 전기가 수행하는 역할에 대해 논의한 바 있다.『현대 언어학 회지』(*Publications of the Modern Language Association*, 1996년 10월호) 같은 북미의 학술지에서 진행되고 있는 논의에서 입증하는 바와 같이, 개인적인 측면들은 텍스트나 번역본, 학술 연구의 생산에 항상 영향을 주고 있다. 지금도 학문적 고민거리가 된다. 번역에서 이러한 측면들이 분명해진다면, 그들은 번역의 '불가시적인' 측면이나 어떠한 텍스트도 '객관적으로' 읽고 다시쓰기 하는 것에 대한 주장을 약화시킬 수 있다.

'의미'에 대해 책임을 주장하기

여성 번역가들은 역자의 주체성을 작품 전면에 내세워 자신의 개인사와 정치적 입장을 번역에 투영시키려 노력했을 뿐 아니라, 또한 이들은 의식적으로 학자나 교육자의 역할을 해내기도 했다. 이러한 역할은 오래 전에 절판되거나 잊히거나 선집에 분산 수록된 작품의 번역본에 함께 수록되는 논문과 논평에서 분명히 드러난다. 때로는 상당히 실험적인 페미니즘적 자료의 해석과 설명에서도 분명히 나타난다. 번역가들은 그러한 문학적 실험에서 해석자, 교육자, 전문가의 역할을 맡는다.

이러한 접근방식의 선례로 퀘벡의 페미니스트 작가 니콜 브로사르와 프랑스 테오렛을 번역한 바바라 고다드의 작품을 들 수 있다. 고다드가 번역한 브로사르의 『라 메르』(*L'Amèr*, 1977)(고다드, 1983)는 해석적인 취지가 분명히 드러나는 역자 논평으로 시작된다. 그녀는 번역이 불가능했던 주요 말놀이 몇 가지에 대해 설명하는데, 여기에는 불어의 묵음 *e*를 사용한 말놀이 등이 해당된다. 고다드는 계속해서 이러한 특징들이 지닌 의도를 해석하는데, 예를 들어, 작가가 'laboratoir' 같은 단어에서 *e*를 누락한 것은 거기서 수행되는 행위에서 여성성의 부재를 표시하기 위한 것이라고 한다. 또 제목 *L'Amèr*에서도 *e*가 제거되었는데, "여성의 침묵을 표현하고 중성형 문법에 가까워지는 과정을 강조하기 위해"(고다드, 1983:7)라고 밝힌다. 또한 자신의 영역본을 보충하기 위해 사용한 기법들을 제시해 보인다. 그림 자료나 히스토리(*hisstory*)와 허스토리(*herstory*)와 같은 말놀이 등인데, 이는 영어권 페미니스트에게 좀 더 친숙한 방식이다. 분명한 교육적 행위로, 그녀는 데리다(Derrida)나 들뢰즈(Deleuze) 같은 현대 프랑스 사상가들의 말을 언급하며 통속적인 즉, 학계 이외의 영어권 독자들이 놓칠 수도 있는 텍스트의 다른 측면들을 부각시키며 끝을 맺는다. 이 모든 게 한 페이지에 쓰여 있다. 후속 번역작 *Lovhers* (1986), *Picture theory*(1991a), *The Tangible Word*(1991b)에서는 학술적인 서문이 더 길게 쓰였다.

고다드는 *Lovhers*에서 역자 서문이란 번역자가 "자신만의 특징을 노골적으로 과시하는" 곳이라는 말로 시작하면서, 투명성이라는 환상을 파괴하고 두 문화와 두 언어체계의 차이를 강조하며 번역을 특정 역사적 주체에 의한 읽기이자 쓰기 행위라고 주장한다. 그녀는 계속해서 *Lovhers*를 레즈비언 삼연작의 세 번째 작품으로 꼽으며 다음과 같이 말한다.

> (브로사르는) 가부장적 상징 질서를 벗어난 이연된 의미라는 입장에서 여성으로서 글을 쓰는 것이 어떤 의미인지에 대한 차등 분석을 구성하며 레즈비언의 의미적 연쇄를 설정한다. ... (1986:8)

고다드는 계속해서 같은 맥락에서, 문학 비평가임을 자처하며 이전의 두 책이 중요하다고 여겨지는 측면들에 대해 설명하는데 특히, 스토리텔링과 세밀한 재현이 더 이상 가능하지 않다는 점과 브로사르가 "레즈비언 텍스트의 중심지"(*ibid.*:9)를 찾고 있다는 점이다. 그녀는 대중에게 일부가 공개됐을 때 자신이 만들어 낸 '복화술사 번역'과 브로사르 작품 속의 수많은 언어유희와 함축으로 인해 자신이 힘들었던 점을 언급하며 *Lovhers* 번역본의 지난 일대기로 끝을 맺는다. 브로사르의 *Picture theory*와 테오렛의 *The Tangible Word* 번역본의 서문들은 서로 비슷한데 흥미롭게도 원문 저자들의 언어와 유사한 언어로 표현되었다. 고다드에 따르면, 테오렛은 "독사(doxa)와 부호가 언어와 재현, 몸을 굴절시키는 방식인 여성성과 주체성의 구성을 탐색"하는 데 관심이 있고(고다드, 1991b:7), 브로사르는 "욕망과 시간, 기억이 '광섬유 속 정보로 유동하는' … 곳인 생산/유혹 현장의 화이트아웃에서 … 글쓰기인 홀로그래피"(1991a:7)를 변형시킨다. 번역자의 담화가 원작자의 문체가 갖고 있는 어떤 특징들을 모방한다는 사실은 드릴(1993)이 캐나다의 페미니즘적 실천에서 지적한 바 있는 협력과 공동저술을 강조하는 역할을 한다. 또한 이러한 실험적 작품에 대한 즉각적인 문학적 해석이 그것을 언급할 해석적 언어의 부족으로 인해 어떻게 좌절되었는지도 나타낸다. 담화는 그 자체의 공식으로 끊임없이 해석된다. 그 외의 다른 언어는 거의 존재하지 않는다.

고다드의 학술적인 메타텍스트가 논문, 서평, 학술회의 자료집 등을 아우르며 교육적 의도를 가지는 반면, 역자의 짧은 각주도 그리 화려하지는 않더라도 비슷한 기능을 수행할 수 있다. 각주 달기는 메리 데일리의 『여성생태학』 독일어 번역본에서 광범위하게 사용되었는데, 역자는 독어권 독자들을 위해 미국 문화에 대한 수많은 지시체와 복잡한 영어 언어유희에 대하여 설명한다. 하지만 역자는 한걸음 더 나아가 텍스트 본문에 역자 주해를 끼워 넣기도 한다. 예를 들어, 그녀는 언어의 가부장적 측면을 분석함에 있어서 영어권 페미니스트 학계가 이룬 진보를 의식하며, 지속적으로 독일어와 연관시키려고 한다. 데일리가 남성 총칭어에 초점을 두고 이를 재생산하는 대명사 체계를 분석한 반면, 뷔셀린크(Wisselinck)는 텍스트 중간에 "und auch im deutschen [System]"('독일어 체계에서도'; 데일리, 1978/1980:39)라는 말을 삽입한다. 그녀는 다른 부분에도 개입을 하는데 대명사를 설명하는 것은 아마도 데일리의 텍스트가 너무 모호하기 때문일 것이고(*ibid*.:40), 또 텍스트 안에 직접 각주를 달아 특정 의미항목에 대한 부가적인 의미를 설명하기도 한다(*ibid*.:48). 뷔셀린크는 자신의 번역본을 읽는 독자들이 데일리의 작품을 읽을 충분한 준비가 되어있지 않아 지도가 필요하다고 여기며 교육자로서의 기능을 충실히 수행하고 있다.

하지만 언어유희의 언어적·문화적 문제를 설명함에 있어 이렇게 독자를 가르치려 드는 접근방식은 번역가들이 자신의 문화적 가치와 가정을 통해 '설명'할 수밖에 없기 때문에 여러 가지 문제를 야기할 수도 있다. 이것은 원천 텍스트가 전혀 강조하지 않는 의미적 혹은 문화적 항목에 방점을 찍으며 기이한 형태의 오해를 야기할 수 있다. 예를 들어 브로사르의 *La lettre aérienne*(1985; tr. 1988) 번역본인 *The Aerial Letter*의 경우를 보면, 원천 텍스트에서 표기되지 않았던 문학적 인용이 역자에 의해 밝혀지는데 제목, 출판년도, 해당 페이지를 포함한 출처가 각주로 표기되었다. 즉, 불어 텍스트에 나오는 말라르메의 미확인 구절과 롤랑 바르트의 차용문은 번역본에서 서지순으로 구체화되었다. 역자가 프랑스의 문화적 지시체의 가치에 대해 자신만의 평가를 내리는 것이다.

따라서 레빈과 마이어의 대립적인 상황은 '페미니즘 시대'에서 어느 정도 정당화될 수 있지만, 일부 번역가들이 상정한 설명적 기능은 문화 전이의 한계를 드러낼 수 있다. 어떠한 자료는 전이가 될 수 없는 데다, 문제의 텍스트에 대한 설명 만큼이나 역자에 대한 설명이 될 수 있기 때문이다.

번역의 수사법 수정하기

페미니스트 이론은 번역이 논의되는 용어의 수정으로 이어지기도 했다. 이러한 수정 작업은 널리 전파된 상투어구에 분명한 이의를 제기하는데, 예를 들면 번역을 빗대어 18세기 프랑스에서부터 오늘날까지 사용되는 **부정한 미녀들**(*les belles infidèles*) 같은 말이 있다. 이 말은 번역(과 여성)이 충실하면 추하기 마련이지만 유려하면 충실하지는 못할 것이라는 뜻이다. 페미니스트 번역가들의 자아감과 그렇게 비교하는 것에 대한 이들의 반박이 번역에 대한 전의(tropes)를 수정하게 만들었다.

─전의

지난 세기동안 번역을 표현하기 위한 은유에 대한 연구에서, 체임벌린(Lori Chamberlain, 1988/1992)은 번역적인 관계가 양성 간의 젠더 고정관념과 권력관계 측면에서 얼마나 주기적으로 표현되었는지 설명한다. 그녀의 연구는 언어와 문화에서의 여성 억압이 번역의 비하와 밀접한 연관성이 있는지에 주목한다. 체임벌린은 '**부정한 미녀들**' 같은 말이 여성과 번역 모두를 향한 전통적인 비하라고 한다. 텍스트에 대한 주도권을 잡기 위해 '텍스트를 강간하라'는 20세기 번역가들의 외침은 그러한 태도를 입증시켜 준다. 체임벌린은 양성 간의 권력 놀음과 텍스트 간 위계질서를 해체하는 번역의 수사성을 옹호한다. 이것이야말로 전통적으로 부정적인 접근법에 치우쳤던 사고에서 벗어나 번역을 이해하고 수행하는 이상적인 방안일 수 있다.

체임벌린의 주장은 다음 세 가지 요인에 근거한다. 첫째, 남성의 권위 혹은 남성 가족구성원이 여성의 성을 통제한 것에 주목하며, 번역에 관한 은유들이 역사적으로 가족 내 권력관계를 나타내는 용어로 어떻게 표현되어 왔는지 입증해 보인다. 즉, 남성 번역가들 스스로 텍스트가 더럽혀지거나 처녀성을 뺏기지 않도록 순수성을 지키는 '후견인'임을 자처한다. 그들은 텍스트가 보호받아야 하고 도덕적 가르침이 필요한 처녀라며 이러한 후견인의 지위를 언어로 표현한다. 이는 텍스트(와 여성)가 합법적인 후손(번역본 또는 자녀)을 갖도록 남성/남편으로부터 계속 감시받아야 함을 뜻한다. 둘째, 체임벌린은 번역에 대한 전통적인 은유들이 여성에 대한 폭력을 얼마나 수용하고 보급시키는지 보여준다. 예를 들어, 노예가 된 여성들을 아내로 삼으려면 먼저 머리를 밀고 손톱을 잘라야 한다는 성경 구절을 인용하여 번역할 경우, 페미니스트들의 사고로는 도저히 용납될 수 없는 모욕적인 권력 남용을 내포하게 된다. 셋째, 체임벌린은 스타이너(George Steiner)와 가브론스키(Serge Gavronsky) 같은 20세기 사상가들이 여성의 참여나 기여를 묵살하고 여성을 향한 경멸적이고 폭력적인 담화를 유지하면서, 사정과 오이디푸스 콤플렉스라는 측면에서 번역을 표현하기 위해 남성의 성에 관한 언어와 신화를 어떻게 이용했는지 보여준다.

체임벌린이 이러한 은유를 열거하고 분석한 결과는 번역이론에 대한 페미니즘적 접근 방식에 있어 상당한 영향을 미쳤다. 하지만 그녀는 아직 명확한 결론을 내리지 않고 있다. 원문 텍스트와 번역본 간의 경계를 흐리는 후기 구조주의 이론이나, 가부장적인 남성적 관점과 페미니즘적인 여성적 관점이 대결하는 이분법적 입장을 초월하는 방안을 모색하는 이론들이 유용하다고 언급하는 데 그치고 있다.

-정치적 가시성을 성취하기

캐나다에서는 번역에 대한 페미니즘의 영향으로 인해, 보다 급진적인 행동지향적 이론들이 정교화되었다. 예를 들어 고다드는 여성 번역가들이 원천 텍스트뿐 아니라 재생산적인 작업에서 수행되던 전통적인 복종적 역할을 빼앗는다고 본다. 그들은 텍스트에 대해 '여성적 다루기'(woman-handle)를 하는데, 페미니즘적 원천 텍스트로부터 그렇게 할 권리를 얻어내며 그 방식에 있어 본보기가 된다. 그들은 번역에서 다양한 방식으로 창의적인 역할을 할 수 있음을 보여주는데, 정확히는 전통적으로 불가시적이었던 여성들의 작품이 지닌 힘을 부각시키기 위해서다.

고다드는 여기서 한 차원 더 나아간다. 그녀는 중요한 여성 작품을 관습에 치우치고 주류에 속하게끔 번역한 것을 두고 크게 비난하는데, 그녀의 비판은 이리가레(Luce Irigaray)와 식수(Hélène Cixous) 등 프랑스 이론가의 작품의 미국식 영어 번역본에 집중된다(고다드, 1991c:112 ff). 이리가레의 『반사경: 여성에 대하여』(*Speculum de l'autre femme*) 번역본(질리언 길Gillian Gill, 1985)은 어느 미국 대학 출판사에서 출간되었다. 고다드의 관점에서, 그 번역본은 "목표언어의 정전화된 시스템에서 두드러지는 행동 패턴과 모형을 사용해 차이가 동일한 것으로 전환되는 효과를 낳는다"(1991c:113). 바꿔 말해, 번역본은 이리가레의 원천 텍스트를 그녀의 작품 속의 다층적인 페미니즘적 의미를 고려하지 않고 의미를 부여하는 지배적인 '정전화된' 이데올로기로 통합시킨다. 이로써 단 하나의 메시지/의미만을 추구하는 단의적(monosemic) 텍스트가 생성되는데, 이것은 쉽게 읽힐지는 몰라도 결국 원저자의 의도와는 배치되게 된다. 한편, 식수 작품의 번역본은 식수와 협력하여 프랑스에서 번역되고 출간되었는데, 텍스트가 갖고 있는 다의어적 측면을 불어 원천 텍스트만큼이나 낯선 영어 형식으로 전이시킴으로써 페미니즘적 의미 생산을 수행하고 발전시켰다.

번역전략에 대한 이러한 비판에 있어, 고다드의 페미니즘적 번역이론 수정은 두 가지 중요한 측면을 갖는다. 첫째, 페미니즘적 후기구조주의 텍스트 이론과 글쓰기는 여성 번역가로 하여금 어떠한 텍스트도 중립적이거나 보편적 의미를 지니지도, 혹은 '원전'이 되지도 않는다는 확신을 심어준 것으로 간주된다. 어떤 텍스트든지 텍스트 생산자의 흔적을 담고 있는데, 이것은 텍스트가 생산된 이데올로기와 문화적 맥락의 흔적이기도 하다. 게다가, 모든 독자들은 텍스트에 저마다의 개별 의미를 부가한다. 즉, 페미니즘적 글쓰기를 조장하는 맥락과 문화에서 작업하는 페미니스트 번역가는 페미니스트 독자와 다시 쓰기 작가와 마찬가지로 자신의 시대에 정치적으로 부합하는 작품을 생산할 가능성이 높다. 고다드는 이러한 생각을 다음과 같이 표현한다. "번역이란, 페미니스트 담화라는 이 이론에서 재생산이 아니라 생산이다"(1990:91). 또한, 페미니스트 번역을 '변형'(transformance)이라고 표현하는데 이 용어를 만든 이유는 다음과 같다.

번역이라는 작업, 일종의 수행인 변형이라는 행위에서 의미를 구
성하는 과정에 중점을 두는 것을 강조하기 위해... (1990:90)

고다드는 페미니즘의 시대에서 작업하는 번역가들이 원천 텍스
트가 원천 문화에서 행하는 것을 자신의 번역본이 **수행**하도록 만든다
고 간주한다. 그러한 이론은 텍스트를 수행의 차원인 제3차원으로 이
동시킨다. 이로써 번역은 두 언어 사이에서만 작용하는 것이 아니라
제2언어에서 제1언어를 수행하는 3차원적 행위로 개념화되는데, 여
기에서 페미니즘적 생명이 되살아난다.

번역을 통해 의미를 구성하는 것에 대한 관심은 등가의 개념에
기댄 이론들과 배치된다. 이것이 고다드 식 접근법의 두 번째 주요
측면이다. '등가적인' 텍스트를 생산하는 것은 어느 정도 수용가능하
고 주류 수준에 부합하도록 원천 텍스트와 목표 텍스트 모두를 축소
시켜 결국 '차이가 없는'(in-different) 텍스트를 생산하는 것이다. 하
지만 페미니즘적 작품은 수용가능하고 주류에 속하는 읽기와 쓰기,
이해하기를 와해시키고자 한다. 즉, 차이를 원한다. 더 나아가, 여성
번역가들의 작품 즉, 번역자-효과를 부각시키고자 한다. 그렇다면 페
미니즘적 번역으로 충실성이나 등가보다는 차이나 탈영토화(텍스트
가 영토에서 벗어났다는 사실), 전위(다른 문화로 텍스트를 추방), 오
염(원천 언어와 번역 언어의 융합)을 강조하는 것은 논리적인 셈이다.
고다드는 언어유희 번역을 대조 분석하며 이것을 입증한다. 이리가레
작품의 미국 번역본은 언어유희를 기피하기 때문에 이리가레의 작품
을 하나의 의미로 축소시켰다. 이와는 반대로, 식수의 번역본의 경우

원천 텍스트의 불어와 포르투갈어 요소들을 유지하면서 언어유희를 영어로 확장시키고 있다. 즉, 원천 텍스트의 의미가 갖는 다중성에 대응하고 있는 것이다.

> 언어와 목소리, 텍스트의 수립(혼동)을 야기하는 타자로의 이동으로. <u>결합으로서의 번역이론은</u> 불어, 포르투갈어, 영어가 오염되면서 이 텍스트에 자세히 상술되어 있다... (1991c:116, 저자 강조)

이 경우, 번역문에서 포르투갈어, 불어, 영어에서 유래한 신조어를 생성하거나, 한 용어를 이루는 각종 요소들을 찾아내어 여러 다른 방식으로 번역하는 등 여러 언어들을 결합시키는데, 이는 결국 이국성을 강조하게 된다. 여기서 고다드는 "글자 자체에 중점을 두는 번역"(1991c:118)을 선호하는 것으로 드러나는데, 이것이 확립되고 관습적인 의미를 개방시켜 오염을 통해 언어와 텍스트뿐 아니라 여성들 사이의 관련성을 구축하기 때문이다. 번역된 페미니스트 작품에서의 오염과 결합은 언어와 문화라는 장벽을 가로지르는 여성들의 이해를 상징한다. 더 나아가, 이러한 요인들은 단 하나의 의미를 선택하는 것에 대한 페미니스트들의 거부를 드러내고, 그리하여 다중성을 비롯해 때때로 양자택일이 불가능하고 심지어 파괴적이라는 점을 강조한다.

정치적으로 '공격적인' 텍스트를 번역하는 전략은 아직 이론으로 정립되지는 않았다. 바스넷(1992:72)은 정반대의 생각을 가진 번역가와 작가가 연합을 이루는 것은 불가능하다는 글을 쓴 바 있지만,

반면 디아즈 디오카레츠(Myriam Diaz-Diocaretz, 1985:19)는 여성들을 분리시키는 문화적 차이가 상호 간 텍스트적 표현의 가능성을 배제할 수 있다고 지적한다. 이 경우에 해당하는 것이 리치(Adrienne Rich)의 레즈비언 시를 스페인어로 번역할 때 생기는 문제다. 현재로선 그러한 번역가들이 필요시 원문에 반하는 번역을 하기도 하며 원천 텍스트와 고군분투하는 의미 생산자로서 새로 찾은 권리를 충분히 주장하고 있다.

근본적인 신화 수정하기

-판도라의 풍요의 뿔

최근 들어 젠더가 번역이론의 철학적·신화적 기반에 적용되면서, 번역에 대한 근본적인 신화를 수정하려는 움직임이 일어나기 시작하고 있다. 이 중 하나는 바벨탑의 신화에 대한 이론적 집착을 비판하고, 판도라라는 인물을 페미니스트의 대안으로 고찰한다. 바벨이야기에 따르면, 신은 탑을 쌓아 하늘에 닿게 하여 신성함을 흉내 내려 한 인간의 자만과 오만을 벌하려고 본래 하나였던 언어를 수백 개의 서로 다른 언어로 분열시켰다. 리타우(Karin Littau, 1995b)에 의하면, 이 신화가 스타이너나 데리다 같은 동시대 이론가들에 의해 계속 언급되는 것은, 바벨탑 이전에 '아담의 언어' 하나만 구사했기에 서로의 말을 알아들 수 있었던 은총의 상태인 어떤 근원적 언어에 대한 믿음을 암시한다고 한다. '바벨탑 이후'에 일어난 일에 대한 추측은 신의 개입으로 인한 혼란에 초점을 두고 번역이 절대 완전히 넘어서지 못하는 사후의 의사소통 단절을 강조하는 경향이 있다. 데리다의 『바벨탑』(*Des Tours de Babel*, 1985)에서의 논의를 인용하며, 리타우는 '바벨 이후'의 언어가 "분열되고, 갈라지고 양가적"(1995b)이라는 비전형적이지 않은 관점으로 바벨을 다양한 명칭으로 부르는 그의 표현을 사용한다.

바벨 이후의 번역에 관한 담화는 대체로 부정적인 연관성이 있는 용어로 번역을 기술한다. 즉, 번역은 난해하고, 불완전하고, 심지어 불가능한 것이다. 또, 번역은 반역적이며, 신뢰할 수 없다. 리타우가 데리다의 "plus d'une langue"라는 말을 인용하고 이를 "더 이상한 언어가 아닌, 하나 이상의 언어"(1995b)를 뜻하는 것으로 해석하는 것처럼, 데리다 같은 이론가들은 이러한 난해함과 불완전성을 언어의 다의성을 설명하기 위한 기회로 여길 수 있다. 그렇지만 바벨에 대한 언급들은 원작과 번역을 구별할 필요가 없었던 신화적 시간에 대한 어떤 향수를 암시하기도 한다.

리타우는 다른 번역 신화인 판도라 신화의 페미니즘적 다시쓰기를 통해 또 다른 이론적 접근법을 제시한다. 이 이야기에서 그리스 신화의 첫 번째 여성이자 에피메테우스의 아내인 판도라는 호기심에 못 이겨 상자를 열어버리는 바람에 세상의 모든 악이 쏟아져 나오게 되는데 여기에 언어 대혼란도 포함된다. 하지만 리타우는 이 이야기에 여러 다른 버전들이 존재한다고 지적한다. 그녀가 선호하는 이야기에서는 판도라의 상자가 인간을 먹여 살릴 온갖 먹을거리로 가득한 풍요의 뿔, 즉 풍요를 암시한다(리타우, 1995a:890). 『판도라의 상자:

신화적 상징의 변화하는 측면들』(*Pandora's Box: The Changing Aspects of a Mythical Symbol*, 파노프스키와 파노프스키Panofsky and Panofsky, 1962)에서 수집되고 논의되는 판도라 신화의 여러 버전들은 판도라의 역사가 "판도라 이미지에 대한 역사이며, 엄밀히 말하면, 남성이 판도라에 대해 갖고 있는 **그의**(his) 이미지의 역사"(1995a:891)를 보여준다고 리타우는 주장한다. 이러한 이미지들은 대체로 "언어(모국어)와 젠더(여성성)에 관련된 여성의 남근 중심적 불안"(1995b)을 형상화하고 있다.

　판도라 이야기를 번역의 패러다임으로 이용하기 위해 다시쓰기하면서, 리타우는 판도라라는 인물 자체가 번역이라는 점을 강조한다. 신화 작가의 기획이나 맥락에 따라 여성에게 긍정적이거나 부정적인 자질이 부여된 것이다. 20세기의 프로이트적 담화에서, 우어바이프(Urweib)라는 여성의 원형적 인물은 여성의 (생식 기관) '결핍', 불완전성, 침묵, 미스터리라는 개념과 결부되었다. 이러한 관점에 대한 페미니즘적 수정주의, 특히 이리가레 같은 페미니스트들은 '여성의 몸'과 '여성의 언어'가 처음부터 다중성을 지닌다고 보았다. 따라서 판도라는 풍요의 뿔과 여러 해석의 히스토리(*his*story)를 갖고서, **하나가 아닌 이쪽 성**(this sex which is not one)(이리가레, 1977)의 전형이 되어 여성에 대한 다중적 의미의 예로 기능한다. 리타우는 풍요의 뿔이 지닌 풍요와 잉여, 그리고 페미니스트 이론이 여성의 다중성과 복수성, '여성'을 한 가지 틀에 속박하거나 강요할 수 없다는 점에 두는 가치들을 강조하기 위해 판도라라는 인물을 수정한다. 그녀의 말에 따르면, 이것은 "이리가레가 '옴므올로지'(hom(me)ology)라고 부르는 절차에 의해 주체(the one, 남성)에 초점을 두고 여성을 '타자'(the other)로 간주하는" 전통적인 남근 중심적 질서인 환원론자적 접근법과 정면 배치된다고 한다.

이렇게 판도라의 신화가 다시쓰기 되면서 '항상 더 많은 번역과 재번역이 있다'는 번역의 연속적인(serial) 본질이 드러난다. 따라서 방점은 (결코 성취될 수 없는) 단 하나의 완벽한 번역에 찍히는 것도, 번역과 원전 사이의 전통적인 위계 해체에 찍히는 것도 아니다. 등가나 평등에 방점이 찍히는 것도 아니고, 어떤 신화적인 언어적 총체에 찍히는 것도 아니다. 정확히는 모든 텍스트가 재번역될 수 있고 모든 신화는 다시 쓰일 수 있기 때문에 연속성(seriality)은 번역의 조건이고, 이 조건은 끝도 시작도 없는 것이다. 리타우는 다음과 같이 말한다.

> 그녀의 [판도라의] 이름을 번역하는 것은 그녀를 최종적으로 번역하거나 마지막으로 번역하고 어떤 원래의 상태와 비슷하게 만드는 것이 아니라, 오히려 다시 번역하고, 재번역하는 것이다. (1995b)

그러므로 리타우가 번역한 판도라는 긍정적이면서도 실로 불가피한 행위로서의 차이의 확산, 과잉, 다수의 번역본에 대한 논쟁이다.

리타우는 19세기 말 경 독일의 극작가 프랑크 베데킨트가 만든 인물인 '룰루'에 대한 논의에서 이러한 원칙을 제시한다. 룰루(Lulu)는 태생이 확실치 않은 인물이다. 어머니도 없고, 쉬골치(Schigolch)가 아버지인지, 첫사랑인지, 그 둘 다 확실치 않다(1995a:909 각주

12). 희곡 '룰루'의 여러 버전에서 그녀의 '삶'은 어린 성적 대상으로 시작해 수많은 관계를 거치는데, 어떤 버전에서는 런던 이스트엔드에서 살인마 잭(Jack the Ripper)의 손에 종말을 맞기도 한다. 베데킨트는 룰루를 가리켜 '여성의 전형'(Urgestalt des Weibes)이라고 했지만 인물 자체는 다양한 희곡 버전에서 여러 번 수정을 거치게 된다. 리타우는 판도라 신화의 여러 버전과 룰루라는 인물이 여러 번 굴절/번역 되는 것을 비견시키는데, 룰루는 작가가 검열관이나 후속 다시쓰기 작가와 계속 마찰을 빚으면서 유명해졌다. 이러한 비교는 베데킨트의 희곡 제목 『판도라의 상자』(Die Büchse der Pandora, 1895/1902/1904/1988/1990)』에서 더욱 극명해지는데, 각각의 출간일은 초기본, 검열본, 수정본, 재편집본, 주석본 등을 나타내고 이러한 다중성을 강조하고 있다. 리타우는 그 후로 어떻게 "룰루의 재-현 하나하나가 그녀에게 이미지를 투사하여 이를 통해 극작가, 영화제작자, 작곡가, 소설가, 학자 등 굴절자들이 그녀를 완전히 이해하려 했는지"(1995a:901) 제시해 보인다. 실제로, 원전의 룰루가 존재했었는지, 또 각각의 '번역'−알반 베르크(Alban Berg)의 오페라 룰루, G. W. 팝스트(G. W. Pabst)의 영화 판도라의 상자, 캐시 애커(Kathy Acker)의 혼성모방 등 세 작품만 들면−이 전체 버전에 비슷하기는 한지 규명하기는 불가능하다. "유럽 곳곳에 흩어져 있는 베데킨트의 수백 개의 작은 메모로부터"(1995a:902) 룰루를 재구성하려는 시도는 현재 진행 중인 일련의 텍스트 생산에 도움을 줄 뿐이다.

　　룰루의 변형에 대한 리타우의 분석은 번역에 대한 자신의 이론적 고찰과 마찬가지로 긍정적인 어조로 끝을 맺는데, 애커가 번역한 룰루의 가장 최근 번역본을 언급하면서 그녀는 이 작품이 "룰루가 부활하도록 인물에 생명을 불어넣는다"(1995:907)고 마무리한다. 리타우는 번역이라는 사실을 수용하고, 판도라와 룰루라는 인물의 예를 들어 이를 보여주며, 번역이라는 노동을 여성들의 수정된 이미지와 연결 짓고 재평가함으로써, 지속적인 이동과 변화라는 맥락에 번역을 위치시킨다. 하나의 성이 스스로 인류의 척도로 상정하는 것은 외람된 것이기에, 언어적 고상함이라는 어떤 본래 상태를 암시적으로 상기시키는 이론을 생산하는 것이 무의미하다는 것을 그녀의 저서는 보여준다.

리타우의 연구는 문학비평, 영화비평, 심리분석의 분야에서의 현대 페미니즘적 연구와 우아하게 결합하는 움직임으로써 번역을 간주한다. 그녀의 접근법은 여성학/페미니스트 이론과 번역학의 융합이라는 연구결과를 보여준다. 1970년대와 80년대에 걸쳐 동시다발적으로 발전해오면서, 이러한 학문들은 필연적으로 서로 영향을 주고받았다. 수잔 바스넷이 언급한 바와 같이, 페미니스트 번역 학자들은 [원작과 번역본이라는] 양 극단 사이의 공간과 역자와의 사이성(in-betweenness)이라는 개념을 가지고 연구한다"(1992:66). 페미니스트 번역가들은 최종 작품이나 그것의 등가나 충실성보다는 읽기와 다시읽기, 다시쓰기, 그리고 다시 글을 쓰는 과정과 그러한 과정에 영향을 주는 문화적, 이데올로기적 차이라는 문제에 더 큰 관심을 가진다. 그러한 접근방식은 문화적, 이데올로기적 차이들을 입증하는 번역본들로 넘쳐나면서, 판도라의 풍요의 뿔이라는 이미지에 의해 상징적으로 표현된다.

번역본 다시읽기와 다시쓰기

1970년대 페미니스트 이니셔티브는 다른 문화권 출신 여성 작가들이 쓴 텍스트에 대한 상당한 관심을 촉발시켰다. 이로써 여성들의 글 대다수가 전혀 번역조차 되지 않았음을 인식하게 되었고, 기존에 번역된 글은 '가부장적 번역'으로 잘못 재현되었다는 의구심을 불러일으켰다. 이에, 대규모 번역 및 재번역 작업이 착수되었고, 뜻있는 출판사들이 설립되었다. H. D. 콜리아스(H. D. Kolias)는 무찬-마르티넨고(Elizavet Moutzan-Martinengou)의 전기 번역에 관한 자신의 글에서 이렇게 표현하고 있다.

> 몇십 년 전에 비하면, 이러한 작품의 가치와 이것을 회복시킬 필요성을 두고 출판사들을 설득하는 일이 훨씬 수월해졌다. (1990:215)

여성운동이 창출한 맥락으로 인해 여성 출판사-런던의 The Women's Press, 파리의 Éditions des femmes, 뮌헨의 Frauenoffensive, 몬트리올의 Les éditions du remueménage-들이 발전하고, 대학뿐 아니라 민간 출판사에서도 여성 작가들의 번역 작품 목록이 마련되었다. 이러한 번역본의 급증은 번역비평과 번역분석을 비롯해 '잊힌' 여성 번역가들의 작품 연구를 시작하는 데 있어 확실한 기여를 했다.

기존 번역본 읽기

-시몬 드 보부아르

시몬 드 보부아르(Simone de Beauvoir)의 『제2의 성』(Le deuxième sexe) 영역본은 페미니즘적 탐구에 의해 촉발된 젠더 의식적인 번역비평의 선례가 되었다. 보부아르의 텍스트는 '페미니스트의 경전'으로 추앙받아 왔는데, 이러한 표현은 과장된 측면이 없지 않지만 그녀의 책이 20세기 후반 페미니스트 사상에 미친 영향력을 분명히 말해 준다. 『제2의 성』은 1949년 프랑스에서 두꺼운 두 권짜리 책으로 출간되었는데, 영역본은 미국의 동물학 교수인 하워드 파쉴리(Howard Parshley)가 번역하여 1952년에 출간되었다. 파쉴리의 번역본(The Second Sex)은 이듬해 봄 뉴욕타임스 베스트셀러에 등극한 뒤 수차례 중쇄를 거듭하면서, 성공적인 번역본으로 여겨지고 있다.

번역본에 대한 비평은 주로 원작의 10% 이상이 별도의 표기 없이 누락된 점을 중심으로 이루어진다. 역사 속 여성들의 이름과 업적을 언급하는 텍스트의 상당 부분이 영어 번역본에서 누락된 것이다. 비평가 마가렛 시몬스(Margaret Simons, 1983)의 말에 따르면, 정치인, 군사 지도자, 성녀와 매춘부, 화가와 시인 등 78명의 여성의 이름이 삭제되었다. 이로써 페미니스트 역사 서술에 대단히 중요한 영향력이 있는 여성들의 계보는 '가부장적 번역'을 통해 맥이 끊어졌다. 마찬가지로, 그 번역본에서는 레즈비언 관계 같은 문화적 금기나 여성의 일상 속 무료함 같은 달갑지 않은 현실에 대한 표현들이 삭제되었다. 이러한 삭제에는 어떤 유형이 있는 것으로 보이는데, 아마도 여성보다는 남성의 경험이나 느낌이 더 유효하고 흥미로운 것이라고 여겨졌기 때문일 것이다. 시몬스는 다음과 같은 글을 남긴다.

> 그 [파쉴리]는 남성이 처한 상황이나 그들의 업적이 유리한 고지를 점하고 있다고 보부아르가 상세히 언급하는 대목에서는 꽤 만족했지만, 여성들의 억압을 장황하게 언급하는 데에는 관심이 없었다...(1983:562)

시몬스는 보부아르의 텍스트 일부가 길게 늘어지고 되풀이되는 점은 인정하지만, 누락분은 텍스트에 있어 심각한 개입이고 최소한 따로 표기되거나 설명되어야 한다고 주장한다. 이러한 누락은 상당한 혼란을 야기하기 때문에 별도의 표기나 설명이 더더욱 필요한 것이다. 예를 들어, 이전의 주장을 언급하는 부분이 번역본에서 삭제될 경우, 보부아르의 사고는 뒤죽박죽 전개되어 그녀가 혼란스럽고 일관성 없는 사상가라는 인상을 주게 된다.

역자인 파쉴리는 자신의 직업적 맥락에서 다소 정당성을 인정받았다. 크노프(Knopf) 출판사가 언급했듯이(1992:43) 파쉴리는 "미국 독자들에게 부담을 덜어주려고" 압축, 단순화, 혹은 일부 삭제하라는 요구에 시달렸다고 비평가 욜란데 패터슨(Yolande Patterson)은 설명했기 때문이다. 하지만 그렇게 수정된 번역이 입힌 피해는 다른 결과들을 낳았다. 그러한 결과 중 하나는 또 다른 번역을 통해 최근에야 밝혀졌는데, 드 로트비니에르-하우드(1991:52)는 그 문제를 다음과 같이 논의하고 있다. 클로댕 비비에르(Claudine Vivier)가 메리 오브라이언(Mary O'Brien)의 『재생산의 정치』(The Politics of Reproduction)를 불어로 번역할 때, 불어로의 역번역이 필요한 보부아르에 대한 수많은 언급들을 마주하게 되었다. 하지만 오브라이언의 영어 번역본은 '혼란스러운' 영어 버전의 보부아르를 인용하고 있고, 보부아르에 대한 오브라이언의 일부 매서운 논쟁은 이 버전에 근거를 두고 있다. 비비에르는 보부아르의 원천 텍스트에서의 참조문을 찾을 수 없게 되자, 편역된 『제2의 성』이 야기하는 오해를 중재하는 작업에 착수한다. 안타깝게도 비비에르는 자신의 번역본 *La dialectique de la réproduction*(1987)에서 이 문제를 언급하지 않고 있다.

섹슈얼리티와 성행위에 관한 보부아르의 입장에 대해 영어권 페미니스트들의 비판이 커지면서 보부아르의 번역본을 두고 더 많은 언급이 생겨났다. 바바라 클로(Barbara Klaw)에 따르면, 많은 이들은 보부아르가 "여성의 섹슈얼리티에 대한 가부장적 고정관념을 영속화한다"(1995:193)며 잘못을 지적한다. 하지만 보부아르의 '클리셰'들은 아마도 그녀의 (주로 남자인) 역자들이 행한 검열 때문일 수 있다. 예를 들어 보부아르의 소설 『레 망다랭』(*Les mandarins*, 1954)은 프랑스 카톨릭 교회가 금서로 지정할 정도로 성적 금기가 난무하다. 이 책의 1956년 영어 번역본은 "대담한 성적 이미지를 약화시키거나 본능에 충실한 여성에 대한 비판을 강화하기"(클로, 1995:197) 위해 장면을 누락하고 특정 구절을 바꾸어 불어 원작을 다른 방식으로 '검열'했다. 예를 들어, 번역본에서 여주인공 앤(Anne)의 관점에서 쓰인 구강성교에 대한 두 번의 언급은 확실히 검열되었다. 또 앤과 그녀의 십대 딸 나딘(Nadine)이 쓰는 언어의 강도를 약화하기도 한다. 나딘이 쓰는 공격적인 비속어의 경우, 영어 번역본에서는 완곡어법으로 표현되었다. 예를 들어, 자신의 성생활에 관한 나딘의 대담(하면서도 불행)한 담화는 섹스를 남자들과 맺는 거래라고 여기는 것을 중심으로 전개되는데, 다음과 같은 말을 한다. "Comment veux-tu que j'aie des histoire avec des types si je ne baise pas"(『레 망다랭』: 350). 이 말이 "남자들과 잠자리에 들지도 않고서 어떻게 사귈 생각을 생각해요"라고 번역됐을 때 나딘의 천박함(과 그녀의 불행)은 그 정도가 약해진다. "내가 섹스도 안 해보면"(if I don't fuck)이라고 더 정확하고 저속하게 표현하면 영역본의 인물이 불어본과 부합하게 되고 나딘의 상황에 대한 보부아르의 관점이 어떤지 더 잘 이해할 수 있다. 이 책의 미국 편집자는 "저희 나라에서는, 책에서 성에 대해 말할 수는 있지만, 성도착은 안 됩니다"(클로, 1995:197)라며 보부아르에게 분명히 사과했다. 바꿔 말해, 보부아르의 『레 망다랭』 영역본은 성에 관한 담화에 있어 '변태적' 취향보다는 '정상적인' 취향을 지닌 1950년대 주류 독자가 대상인 것이다. 그러니 1990년대 일부 페미니스트 비평가들이 그녀의 작품을 두고 틀에 박히고 가부장적이라고 한 것은 당연하다.

하지만 보부아르의 작품에서 오역이나 오도된 재현을 발견해내는 이들은 페미니스트 비평가만이 아니다. 테리 키프(Terry Keefe)는 『프랑스학회지』(*French Studies Bulletin*)에 게재된 짧은 글에서 1972년 7월 『미즈 매거진』(*Ms Magazine*)지에 실린 보부아르 인터뷰 기사의 편집과 배열에 대해 논한다. '시몬 드 보부아르의 급진화'라는 제목의 이 글은 1972년 2월 『르 누벨 옵세르바퇴르』(*Le Nouvel Observateur*)에 처음 실렸던 "La femme révoltée, propos recueillis par Alice Schwarzer"의 축약본이다. (편집된) 영어 텍스트 전문이 영향력 있는 *New French Feminisms. An Anthology*(1980)에 증쇄되었다는 사실은 "표현된 시각에서 상당한 차이를 보이는"(키프, 1994:20) 이 버전이 상당수의 학문적 대중에게 수용되었고, 더구나 이러한 대중은 이 글의 편집여부를 인식하지 못했음을 의미한다.

번역본, 특히 생략과 수정에 대한 키프의 짧은 분석을 통해 이러한 것들이 "페미니스트의 이데올로기와 전략에 대한 민감하고 논란의 여지가 있는 문제"와 관련 있음이 드러난다. 키프가 참조하는 페이지만 제외하고 여기서 그의 말을 상세히 인용하고자 한다.

> 예를 들어, 보부아르의 답변이 시작되는 초반에 자본주의에 대한 주요 내용이 제외된 것은 분명 불어본보다 영어본에서 그녀의 반자본주의자적 성향이 덜 드러나게 하는 효과를 낳았다. 거의 체계적으로 다른 부분들을 누락시킴으로써 사회주의와 계급 투쟁에 대한 보부아르의 강조와 특정한 여성적 가치를 믿지 않는

다는 그녀의 주장이 가볍게 다루어졌다. … 더욱이, 영어 번역본이 레즈비언주의와 자녀가 있는 여성에 관한 인상적인 질의응답 장면을 완전히 생략한 것은 인터뷰가 갖는 정확한 영향력을 전체적으로 바꿀 수밖에 없다.

키프는 원문에서 삭제된 자료만큼이나 앞서 다룬 번역본에도 관심이 있었다. 그의 분석이 의미하는 것은 1970년대 초기 페미니즘(자본주의?) 이데올로기가 이 텍스트가 제시되는 방식에 있어 일조했다는 점이다. 번역본은 미즈 매거진의 일부 백인, 중산층, 페미니스트 독자들을 상대로 맞춰졌을 것이다. 상당수의 수정이 "보부아르의 생각과 대체로 일치하는 부분이 있을지도 모르지만" 이데올로기를 바탕으로 쓰인 파쉴리의 『제2의 성』 번역본을 공격한다는 점에서는 그러한 텍스트는 유감이라고 키프가 언급하는 대목에서 그는 중요한 지적을 하고 있다.

기존 번역본 다시쓰기

―성경

보부아르의 작품에 대한 젠더 의식적인 번역비평은 이제 겨우 시작단계다. 첫 출판사가 번역권을 쥐고 있기 때문에 아직 재번역 단계에 이르지는 못했다. 하지만 성경의 경우는 약간 다르다. 페미니스트의 압박으로 여러 종류의 성경 텍스트가 재번역되었다. 유사한 작업이 다른 유럽어에서도 이루어졌지만 여기서는 두 가지 영어본을 예로 들고자 한다. 요한, 마르코 복음과 로마서, 갈라디아서의 번역본인 조안 하거루드(Joann Haugerud)의 『우리를 위한 말씀』(*The Word for US*, 1977)과 교회력에 따른 독서주기로 사용되는 성경 텍스트 모음집인 『포괄적 언어의 성구집』(*An Inclusive Language Lectionary*, 1983)이 그것이다. 두 재번역본 모두 서문과 각주, 부록, 표시, 역자의 동기와 개입에 대한 설명을 수록하고 있다.

이러한 재번역에서 가장 두드러진 측면은 '포괄적 언어'(inclusive language)에 초점을 두었다는 점이다. 초기 성경은 "사람들로 하여금 하느님을 남성으로 생각하지 않을 수 없게 만드는"(하거루드, 1977:i) 언어로 표현된 남성편향적 언어, 남성 형상화, 은유들로 가득했다. "남성 대명사의 육중한 무게"(하거루드, iii)에다 유대인의 역사와 그리스도의 가르침을 남성적 용어로 표현하는 은유적인 언어의 영향으로 인해 여성들은 기독교 신앙에 본격적으로 참여하지 못하도록 배제되어 왔다. 그리하여 두 번역본의 서문에는 기독교 가르침의 포괄적인 본질을 강조하는 말이 쓰여 있다. "모든 인간은 하느님으로부터 똑같이 사랑받고 심판받고, 받아들여진다"(『포괄적 언어의 성구집』, 서문). 또 하거루드는 『우리를 위한 말씀』에서 다음과 같은 질문을 던진다.

> 예수께서 베드로, 안드레, 야고보, 요한을 불러다 (킹제임스성경과 다른 성경에 따르면) '사람을 낚는 어부'(fishers of men)가 되라고 하셨을 때, 예수께서 남자들만 잡으러 나서라는 뜻이셨을까? 아니면 여성도 여기에 포함될까? 만약 전자라면, 기독교는 남성

만을 위한 종교이므로 여성들이 이를 기피하는 게 온당하다. 하지만 예수께서 모든 이들을 새로운 삶의 행로로 초대하고자 하셨다면, 또 그렇다는 증거가 충분히 있기 때문에 이 말을 올바른 현대 영어로 번역하면 '남녀를 낚는 어부'(fishers of women and men)가 된다. (1977: I)

여기서 조안 하거루드가 '올바른 **현대** 영어 번역'이라고 언급한 것을 주목해보라. 이것은 페미니스트 사상의 영향을 어느 정도 받은 현대의 문화적 맥락이 성경과 같은 핵심 텍스트의 다시읽기와 다시쓰기를 결정한다는 점을 인정하고 이에 대응하고 있다. 비평가 폴 엘링워스(Paul Ellingworth)도 비슷한 지적을 하는데, 그는 '포괄적 언어'의 목적이 "대상 독자들의 요구를 충족시키기"(1987:53) 위해서라는 점을 강조한다. 대상 독자란 페미니스트 사상이 지지하는 양성평등주의 이상에 동조하고 전통적인 성경 번역본의 명백한 가부장적 성향에 분개하는 이들이라고 할 수 있다.

페미니스트 개역 성경은 성경 내용을 바꾸려는 것이 아니라 이러한 내용을 표현하는 언어와 관련이 있다. 그렇지만 언어를 개정함으로써 이러한 개역판이 이야기의 어조와 의미에 상당한 변화를 가져오기도 한다. 더욱 문제시되는 분야와 이에 대한 해결책은 두 번역본의 서문에 논의되고 있는데, 이를 통해 성경의 관습적인 가부장적 언어에 대한 번역자들의 접근방식을 잘 이해할 수 있다. 예를 들어, 하거루드는 여성을 포함하기 위해 'man'이나 'mankind' 같은 단어를 사용하기를 거부한다. 『포괄적 언어의 성구집』 번역자들도 이러한 입장을 지지하며 "여성들은 영어 용례에서 배제됨으로써 온전한 인간으로 인정받지 못했다"며, "본 성구집에서는 모든 성경 독서를 고쳐 써서 어떠한 남성적인 단어도 여성을 포함하는 척하지 못하도록 하였다"고 서문에서 밝혔다. 여기서 '척하다'(pretends)라는 동사는 의외인데, 이는 '남성적인 단어'를 의도적인 협잡꾼이라며 성경 번역의 전통적인 언어가 지닌 폐단을 지적하기 때문이다.

남성적인 언어를 고쳐 쓰는 것에는 몇 가지 형태가 있다. 남성만을 지시하는 '형제'(brethren)나 '왕'(king) 같은 용어들은 '형제자매'(sisters and brothers) 같이 좀 더 구체적인 포괄적 용어나 '군주'(monarch), '지배자'(ruler) 같이 좀 더 일반적인 용어로 대체되었다. 총칭인 '인간'(man)은 맥락에 따라 '남녀'(women and men)나 '사람들'(people), '사람'(person)이라는 단어로 대체되었다. 마찬가지로, 남성 대명사가 갖는 '육중한 무게'는 약화되었다. 개역표준성경에 나오는 다음 구절(요한복음 6장 35절-37절)은 지배적인 남성 대명사의 효과를 잘 보여주는 예다.

> 예수께서 그들에게 말씀하셨다. "나는 생명의 빵이다. 내게로 오는 자(he)는 굶주리지 않을 것이고, 나를 믿는 자(he)는 목마르지 않을 것입니다. ... 또 내게 오는 자(him)를 나는 내쫓지 않을 것이다." (필자 강조)

하거루드의 번역은 다음과 같다.

예수께서 그들에게 말씀하셨다. "나는 생명의 빵이다. 내게로 오는 <u>누구나</u>(anyone) 굶주리지 않을 것이고, 나를 믿는 <u>누구나</u>(anyone) 목마르지 않을 것이니라. … 또 내게 오는 <u>이들</u>(those)을 나는 내쫓지 않을 것이다." (1977:14, 필자 강조)

하거루드는 중성 대명사과 복수 대명사를 써서 남성 편향성을 없애는 방안을 선택했다. 두 번역본 모두에서 가능하다면 사용할 수 있는 또 다른 방안은 남성대명사 he 대신 이름을 반복하는 것이다.

두 번역본에서 언급된 또 다른 문제는 하느님을 표현하기 위해 사용된 언어이다. 과거에는 '하느님 아버지'(God the Father), '우리 주 하느님'(the Lord our God), 대명사 '그분'(He)의 배타적인 사용 등 대단히 남성적인 언어가 사용되었다. 하지만 포괄적 언어로 쓰인 번역본에서는 하느님을 하나의 성에 국한시키는 대명사나 은유적 표현이 전혀 사용되지 않는다. "주, 아버지, 왕, 왕국들은 사라졌다"(하거루드, 1977:ii). "하느님은 인종이나 다른 어떠한 제한적인 속성도 초월하시는 것처럼 성별도 초월하시기 때문이다"(『포괄적 언어의 성구집』, 서문). 대신, 『포괄적 언어의 성구집』에서는 '주권자이신 하느님'(God the Sovereign One)이나 좀 더 극적으로 '하느님 [어머니] 아버지'(God [the Mother] and Father)가 쓰이기도 하는데, '어머니'에 대괄호가 있는 것은 '어머니'를 추가했음을 강조하고 그러한 혁신을 수용할 수 없는 교회 공동체가 선택할 수 있도록 하기 위해서다. 이러한 '어머니 아버지' 번역의 서문에 담긴 주장은 신약성서의 아버지/아들 이미지가 묘사하려는 관계는 "예수와 하느님은 실체가 같다"는 것이다. 따라서 성자께서 성부로부터만 비롯되었다면, 이러한 발출은 남성적이면서 여성적인 행위이고 태어남(begetting)이자 출생(birth)이다. 하느님은 그로부터 성자가 나오는 어머니와 같은 아버지다 (motherly father).

이러한 서문은 계속해서 "하느님의 양성성을 대담하게 말하는" 정통 교리 전통을 인용한다.

... 제3차 톨레도 공의회에 따르면, 성자는 무에서 혹은 어떠한 물질에서 창조된 것이 아니라, 자신의 본질인 성부의 자궁(de utero Patris)에서 태어나고 출생하였다고 간주되어야 한다.

'하느님 어머니 아버지'라는 말은 하느님의 묘사에 있어 남성 편향성을 제거하고 예수가 성자(the Child of God), 즉 창조된 것이 아니라 태어난 자녀라는 믿음을 표현하기 위한 시도다. 현대의 쿠바 시(마이어, 1985)에서 여성의 재생산적 노동의 성차별적 철폐로 간주되는 '아버지의 자궁'이라는 말이 여기서는 젠더 의식적인 성경 번역을 정당화하는 역할을 한다는 점에서 흥미로운 모순을 이룬다.

미국의 유명한 성경번역가이자 번역이론가인 유진 나이다(Eugene Nida)는 「성명과 직함」("Names and Titles")이라는 짧은 원고에서, 이러한 유형의 언어적 변화에 대해 언급하였다. 나이다는 이러한 것들을 대체로 실행 불가능한 것이라고 보았다. 그의 의견에 따르면, 앞서 언급된 '어머니 아버지' 번역은 대다수 가톨릭교도에게 하느님과 마리아를 지칭하는 것으로 혼란을 줄 수 있고, 심지어 '다산의 신'(fertility deity)을 상기시킬 수 있다. 또 남성대명사 '그 분'(He)이 많이 등장하는 것을 피하려고 '하느님'(God)이라는 명사를 반복 사용하는 것은 "문체적으로도 어색"할 뿐 아니라 "한 분 이상의 하느님을 뜻할 수 있기에 실제로 독자를 오도하게 된다"(1995). 그는 하거루드의 작품과 『포괄적 언어의 성구집』의 서론에 있는 신중한 논증을 무시하며, 페미니즘적 시각을 그다지 대수롭지 않게 여긴다. 나이다는 문제가 언어적인 것이 아니라 문화적인 것이라고 지적하며, 두 가지 변화가 가능하다고 제시한다. 첫째, 성경은 그것이 유래하고 교회가 영속시켜온 쇼비니즘적 남성 지배 사회의 맥락에서 읽을 필 요가 있다고 주장한다. 둘째, 교회 지도자들은 교회 사무에 있어 젠더 제한에 관한 자신들의 견해를 급진적으로 개혁해야 한다.

많은 성경 텍스트가 비롯된 사회에 남녀차별적인 가부장적 측면 이 있다는 지적은 의심할 여지없는 사실이다. 또한 이러한 텍스트들 이 교회에 의해 천 년 이상 다시 쓰이고 번역되는 과정을 거치면서 '가부장적' 번역의 대상이 되어온 것 역시 사실이다. 엘링워스(1987) 와 올린스키와 브래처(Orlinsky and Bratcher, 1991) 같은 연구자들이 입증한 것처럼, 문제는 더욱 복잡해졌다. 페미니스트 번역가들은 역 사적 사실을 바꾸려는 것이 아니라, 번역을 통해 성경에 부과된 일부 지나치게 가부장적 표현들을 극복하고자 한다.

제도가 언어적 변화 없이 스스로를 개혁할 수 있다는 나이다의 두 번째 지적은 하느님을 기술하기 위해 사용된 언어와 가부장적 문 화 간의 밀접한 연관성을 상정하는 페미니스트 번역가들의 접근방식 과 정면으로 배치된다. 그들은 언어적 변화가 문화적 변화의 핵심이라고 간주하는데, 하느님을 동떨어진 고독한 권능이라기보다 "친근하고 다정하며 존경받는 인물"(『포괄적 언어의 성구집』, 서론)이 되도록 하기 위해서는 교회의 위계질서 내에서 변화시키기보다 언어 내에서 변화시켜야 한다고 주장한다. 실제로 페미니스트 번역가들은 하느님을 지칭하기 위해 사용된 전통적인 용어들이 특정한 사회·문화적 현실을 만드는 데 일조해왔다고 주장한다.

> 그러한 권위주의적인 하느님은 지상의 권위들로 하여금 '그분'으로부터 본받게 한다. 전지전능한 아버지로서의 하느님은 교회의 아버지, 나라의 아버지, 가정의 아버지에게 권위를 정당화시킨다. … 하느님 아버지라는 이미지는 가부장적인 사회구조에서 지상의 아버지들의 지나친 권위를 옹호하는 데 사용되어왔다. (『포괄적 언어의 성구집』, 부록)

여기서 언어는 광범위한 사회·정치적 영향력을 확실히 부여받는다. 하느님에 대한 남성 편향적 어휘는 인간 남성에게 권한을 부여하는 가부장적 사회구조에 중요한 영향을 미치는 것으로 간주된다. 그러한 언어가 성경 텍스트의 원천이 되는 사회의 가부장적 편견을 반영하기도 한다는 사실은 번역자들도 인정하고 있다. 하지만 그들은 성경이 현대의 교리와 예배에 사용되는 책이기 때문에 "남녀노소와 모든 인종, 문화, 국가적 배경"(『포괄적 언어의 성구집』, 서문)을 거론해야 한다고 본다. "기독교 교회 내에서 상호관계와 상호평등이 중요한"(『포괄적 언어의 성구집』, 부록) 현대의 맥락은 이러한 새로운 번역들을 정당화시킨다. 이는 다음의 성경 인용문(창세기)에서 작동하는 것으로 볼 수 있는데, 여기에는 역자 각주가 달려있다.

주 하느님께서 말씀하셨다. "사람이 혼자 있는 것이 좋지 않으니, 그 피조물에게 걸맞은 배필을 만들어 주겠다." … 그래서 주 하느님께서는 사람이 깊은 잠에 빠지게 하시어, 사람의 갈빗대 하나를 빼내시고 그 자리를 살로 메우셨다. 주 하느님께서는, 하느님이 사람에게서 빼내신 갈빗대로 여자를 지으시고, 그녀를 사람에게 데려오시자, 사람이 이렇게 말하였다.
"이는 내 뼈 중의 뼈요 살 중의 살이로다. 남자에게서 나왔으니 여자라 불리리라."***
그러므로 남자는 아버지와 어머니를 떠나 아내와 결합하여, 둘이 한 몸이 된다. 남자와 여자는 둘 다 알몸이면서도 부끄러워하지 않았다.

*** "남자"(이쉬)와 "여자"(이쉬솨)에 대한 이러한 문학적인 말장난은 생물학적 기원보다는 관계적 측면을 보여주려는 것이다. 그 관계는 "내 뼈 중의 뼈요 살 중의 살"이라는 일종의 평등을 말한다. (『포괄적 언어의 성구집』, 사순 제1주일)

잘 알려진 창조 신화에 대한 이 독서는 포괄적 언어의 효과를 충분히 입증한다. 하느님은 더 이상 '아버지'가 아니고, '남자'가 창조되는 것이 아니라 인간이 창조된다. 첫 단락에서 '주 하느님'과 '하느님'은 네 번 등장하는데, 반복을 피하려고 대명사 '그분'(He)이라고 하지는 않았다. 또, 역자 각주는 어떠한 본질적인 생물학적 특징보다 양성 간의 관계에 강조점을 둔다. 그러므로 이 재번역은 남성 편향성과 가부장적 권위를 제거하고 20세기 후반의 맥락에 더욱 적절하다고 여겨지는 포괄적인 상호관계성을 수립하고자 한다. 텍스트가 읽기 어려울 수도 있다는 점은 번역의 적절성보다는 종교적 전통이나 독서 습관에 대해 더 많은 것을 말해준다.

페미니즘 '이전'과 '이후'의 번역본 비교

-사포와 루이즈 라베

성경의 일부에 대한 페미니즘적 재번역은 기독교 교회 내·외부에서 어느 정도 비판적인 주목을 끌었다. 다른 문학 텍스트의 다시쓰기는 이보다는 훨씬 적은 비판을 받았다. 변화를 야기하는 이데올로기적이고 맥락적인 영향을 이해하기 위해 하나의 특정 텍스트와 그에 대한 수많은 번역본을 대조하는 연구는 좀처럼 찾아보기 힘들다. 앙트완 베르만(Antoine Berman, 1995)의 최근 연구는 아주 드문 예외다. 젠더라는 이슈 역시 그러한 많은 연구들을 유발하였는데, 이 가운데 두 연구는 현대 번역비평에 있어 젠더 의식의 중요성을 보여주는 좋은 예가 될 것이다.

이들 연구는 두 여성 시인을 연구대상으로 하는데, 바로 사포(Sappho)와 루이즈 라베(Louise Labé)다. 사포는 기원전 6, 7세기경인 그리스 문명의 '고졸기'에 활약했던 그리스 서정시인으로 그녀의 작품은 현악기 반주에 맞춰 불렸다. 루이즈 라베는 로프 제작자의 딸로 고등교육을 받고 16세기 전반기 프랑스 리옹에서 활약했다. 사포의 작품은 약 500편의 시가 중에서 겨우 700행만 단편적으로 남아있는 반면, 1555년 출간된 라베의 소네트들은 여전히 널리 보급되어 있다. 이들 시인에 대한 페미니스트의 관심은 전혀 우연이 아니다. 이들의 작품이 약 이천 년 정도 동떨어져 있지만, 사포와 라베 둘 다 확실히 여성들이 갖는 강하면서도 개성 있는 목소리로 말한다. 그들은 여성의 관점에서 사랑과 성적 흥분, 우정, 분노를 대담하게 표현한다. 따라서 이들을 여성 작가와 여성 시인의 계보로 읽을 수가 있다.

사포와 라베는 과거에도 꾸준히 번역되어왔다. 다이앤 레이어와 요피 프린스(Yopie Prins)의 사포 연구, 제인 베첼러(Jane Batchelor)의 라베 연구는 젠더 의식적인 관점에서 이러한 수많은 번역본을 살펴보면서, 번역본들이 텍스트에서 만든 미묘하거나 혹은 그리 미묘하지 않은 변화에 대해 비판을 제기하였다. 이들 비평가들은 번역으로 당연히 텍스트가 바뀌는 것을 부정하지 않지만, 젠더 이슈에 관한 그들의 초점은 번역비평에 있어 새로운 것이다. 다이앤 레이어는 스스로가 사포의 번역자이기도 한데 이러한 글을 남겼다.

> 사포를 영어로 번역한 가장 근대적인 번역본들은 남아있는 그리스어 텍스트를 잘못 재현(misrepresent)했다. 시간상의 거리, 필사본의 물리적 상태, 신뢰할 만한 전기적 정보의 부족, 시인의 젠더 등이 결합되어 번역가들에 의해 끊임없이 새로운 사포가 만들어졌다. (1992)

레이어는 시인의 젠더를 '오도된 재현'과 새로운 사포의 끊임없는 창조를 유발하는 하나의 요소로 간주한다. 그럼으로써 그녀는 여성들의 작품이 권위를 거의 부여받지 못하고 번역에서 상당수 조작되게 마련임을 암시하는 것으로 보인다. 이것이 일반적인 진리로 입증될 수 있을지는 미지수이긴 하나 사포와 라베 연구들에서 '가부장적인' 수정주의 개입의 좋은 사례들을 찾아볼 수 있다.

레이어의 논평은 사포의 글쓰기가 갖고 있는 파편성을 어떻게 다룰지에 대한 질문에 초점을 두고 있다. 대부분의 다른 번역본이 다수의 빈 공간을 채워 시를 '완전하게' 하거나 '고치려고' 하지만, 그녀는 자신의 영역본『사포의 리라』(*Sappho's Lyre*, 1991)에서 공백은 공백대로 재현하고 있다. 레이어가 보여주듯이, 이러한 수정 작업에서는 시를 가부장적 형식으로 다시쓰기 하는 경우가 많다. 따라서 사포의 작품이 갖고 있는 파편성에 대한 그녀의 관심은 젠더에 관한 관심으로 귀결된다. 시 한 편이 그 예가 될 수 있는데, 레이어의 번역은 다음과 같다.

어떤 이는 기병이, 어떤 이는 보병이
또 다른 이들은 전함이
검은 대지 위에서 가장 아름답다 말하네
나는 말하지, 자기가 사랑하는 그것이 가장 아름답다고

누구든 이해할 수 있지.
헬레네를 생각해보라
세상 그 누구보다 아름다웠던 그녀는
최고의 남자를 버리고

배를 타고 트로이로 가버렸네
아이와 사랑하는 부모님과의 기억조차 잊고서는
그릇된 길로 들어섰기에
[아프로디테로] …

*

　　… 가볍게
… 나 지금 아나크토리아를 떠올리네
가버린 그녀를

나는 차라리 보겠네, 그녀의 사랑스런 발걸음을
눈부시게 빛나는 그 얼굴을
리디아의 그 모든 전차보다도
번쩍이는 청동 갑옷 입고 전투하는 병사들보다도

여기서 화자는 떠나가 버린 친구 아나크토리아를 그리워하는 마음을 파리스를 따라 트로이로 도망간 헬레네의 마음에 빗대고 있다. 첫 번째 연에서 '지구상에서 가장 멋진 것'은 가장 사랑하는 것이라고 화자는 주장한다. 두 번째 연에서는 이 세상 그 누구보다 아름다운 헬레네의 예를 들어 보이는데, 그녀는 최고의 남자를 버리고 배를 타고 트로이로 떠나버렸다. 메넬라오스와 파리스라는 관련된 두 남성의 이름을 모두 밝히지 않고 있어, 여기서는 헬레네의 욕망과 그로 말미암은 도피에 초점을 두고 있지 남성들을 강조하지는 않고 있다. 세 번째 연에서는 누군가 헬레네를 나쁜 길로 인도하여 그녀가 자녀와 부모조차 잊어버렸다고 말하고 있다. 정확히 누가 그녀를 타락하게 만들었는지는 언급되지 않는다. 파리스일 수도, 그녀 자신일 수도, 아니면 레이어가 지적하는 바와 같이 아프로디테일 수도 있는데 그 이름이 파피루스의 빈 공간에 딱 들어맞기 때문이다. 마지막 두 연에서는 신화적 과거―헬레네의 트로이로의 도주―에서 사포의 현재와 여성 화자가 느끼는 아나크토리아에 대한 감정으로 이동한다. 세 번째 연의 마지막 행과 넷째 연의 거의 두 행이 사라지고 없다는 점 때문에 독자들로서는 읽기 힘들어진다. 레이어는 다음과 같은 평가를 내리면서 이 시에 대한 설명을 마무리한다.

> 사포는 이 시에서 중요한 반전을 감행한다. 고대에 남성들이 쓴 시에서는 헬레네가 항상 욕망의 대상이자 구애의 대상이었다. 하지만 여기서는 헬레네와 화자가 욕망을 실행하는 적극적인 연인으로 등장한다. 이것이 바로 사포의 에로틱한 시의 전략이다. 이 여성은 남성의 시에 등장하는 뮤즈나 대상물이 아니라 시인이자 연인인 것이다. 그녀는 정복당하기는커녕 능동적인 여성이다. (1992)

레이어는 여성의 행위성(agency), 행위, 성적 관심사에 대한 20세기 후반의 사상에 부합하는 이 파편적인 작품에서 작품의 경향과 전략들을 밝히고 있다. 레이어가 이러한 전략을 파악하게 된 것이 그녀 자신의 경험과 맥락 때문인지는 논란의 여지가 있다. 하지만 확실한 것은 좀 더 관습적인 사포 번역가이긴 하나 메리 버나드(Mary Barnard, 1958)와 리처드 래티모어(Richard Lattimore, 1949/1960)를 포함한 다른 최근의 번역자들은 이러한 전략을 알아차리지 못했고, 알아챘다 하더라도 이것을 간과하거나 검열했을 것이다. 더군다나

파편화된 시를 '수정(fixing)함으로써', 그들은 여성에 대한 사포의 초점을 제거해버렸다. 래티모어의 번역은 좀 더 침략적(invasive)인데, 다음과 같이 읽힌다.

어떤 이들은 말하네, 검은 대지 위의 가장 아름다운 것이 한 무리의
　기병대라고,
다른 이들은 행진하는 보병대라고, 또 어떤 이들은 함대라고 말하네
허나 나는 말하네, 자기가 가장 사랑하는 그녀가 가장 사랑스럽다고

이를 모두에게 이해시키는 일은 간단하지
미모에서 모든 인간을 뛰어넘었던 헬레네는
그녀의 주군인 남편을 저버리고

바다 건너 트로이로 달아났네
자식이나 사랑하는 부모 생각조차 떠올리지 않았네
키프로스의 여왕에게 첫 눈에 반한 뒤로

어린 신부들의 마음은 나처럼 쉽사리 설득당하고
가벼운 것이고, 정열에 두근거리기에
나를 떠나버린 아나크토리아를 떠올리네

그녀의 사랑스런 발걸음과 눈부시게 창백한 얼굴을
내 눈 앞에서 보리라
전투를 위해 무장한 영광스런 리디아의 전차들 보느니

이 단편시에 대한 래티모어의 수정작업 가운데 가장 눈에 띄는 점은 4연의 도입부다. 레이어의 번역에서는 '가볍게'라는 단어만 존재하는데, 이것이 "그리스어로 실제로 알아볼 수 있는 유일한 단어"(1992)라고 그녀가 주장하기 때문이다. 래티모어는 이 단편시를 단순히 '완전하게 만드는' 것이 아니라 시의 어조나 목적을 바꾸는 소재를 사용하기도 한다. 어린 신부들을 끌어들이는데 이들은 변덕스럽고 흥분을 잘하고 이성적이지 못하다. 래티모어의 젠더 편견이 명확히 드러나는 대목이다. 더 나아가, 래티모어는 1연에서 중립적인 "사랑하는 것이 그 무엇이든"을 "자기가 가장 사랑하는 그녀가"로 바꾸어 상투적인 연애시로 읽히게 만들었다. 레이어가 점잖게 지적한 바와 같이, "이것은 시의 목소리를 침범하는 것이고, 특히 여성의 목소리에 대한 남성적 해석으로도 볼 수 있는데 여기서 래티모어는 자신이 사포의 대변자라고 여기는 듯하다" (1992).

사포의 『단편 31』에 대한 요피 프린스의 연구는 번역비평의 비교 연구에 있어 학문적 지평을 넓혀주는 예가 된다. 프린스는 16행짜리 단편시에서 9행의 '목소리의 단절'(break)에 특히 초점을 두며, 4세기에 걸친 번역본들을 분석하며 사포의 여성적 목소리와 이러한 목소리의 '단절'이 번역본에서 어떻게 읽혀왔는지 보여주고 있다. 이 '목소리의 단절'이란 질투심에 어려 말 못하는 여성을 표현하는 텍스트상의 분절이기도 한데, 프린스는 이것을 젠더와 서정시 장르 간의 연관성으로 번역하기도 한다. 그녀의 주장은 "번역된 사포의 사후의 삶을 통해, 서정시의 젠더화를 여성적이면서 동시에 죽은 장르로 추적하는 것이 가능하다"(프린스, 1999)는 점에 기반한다. 앤 카슨(Anne

Carson)의 1986년 번역은 그리스어 어순을 근접하게 따르고 있는데 비교적 직역에 가깝다고 볼 수 있다.

내게는 그가 마치 신과 같다네
그대와 마주앉은 그
가까이 붙어 앉아
감미로운 그대 말에 귀 기울이네

그대의 사랑스런 웃음소리 ― 아 그것은
내 가슴에 내리꽂히네
그대를 슬쩍 바라보기만 해도,
할 말을 잃고 마는 나

아무 말도 못 하네, 혀가 부러져
피부 아래 불길이 요동치네
눈은 안 보이고
귀는 먹먹하네

차디찬 땀이 나를 사로잡고
온몸은 전율하네
풀잎보다 새파래진 나는
죽은 것만 같구나

이 시를 문학적으로 해석하고 번역한 카슨의 번역본에서 프린스의 분석은 "아무 말도 못 하네, 혀가 부러져"라고 읽히는 '목소리의 단절'에 초점을 두고 있다. 이는 17세기 미학 이론과 "남성적 주체와 여성적 대상 간의 대립에 입각한' 페트라르카식 서정시에 관한 논의를 수반하는데, 여기서 사포는 말할 수는 있지만 "오로지 죽어가는 여성 시인으로서만" 말할 수 있다(프린스, 1999). 또한 18세기 번역이 "롱기누스의 숭고라는 논리"(*ibid.*)를 부과하며 사포의 시를 어떻게 지배 미학으로 전유했는지 보여준다. 앰브로스 필립스(Ambrose Philips, 1711)가 번역한 이 작품은 다음과 같다.

> 그는 불멸의 신처럼 축복받았을지니
> 그 젊은이는 그대 옆에 정답게 앉아서
> 내내 그대를 보고 듣는다네
> 그 부드러운 말과 달콤한 미소를
>
> 그 모습은 평온하던 내 영혼을 앗아버렸네
> 내 가슴을 격동시켰네
> 그대를 바라보면 황홀감에 내던져져
> 호흡이 멈추고 목소리는 잃고 말았네
>
> 내 가슴은 타올랐네,
> 온 몸을 내달리는 옅은 불꽃으로
> 눈 앞에는 어둠이 걸리고
> 귓가엔 공허한 울림이 들렸네
>
> 내 팔다리는 이슬 맺힌 축축함으로 차가워지고
> 내 피는 몸서리쳤네
> 내 미약한 맥박은 뛰기를 잊어버리고
> 실신한 나는 침잠하여 서서히 죽어갔네

사포에 대한 이러한 '숭고한' 읽기는 사포의 황홀감을 정열적으로 재연하고, 심지어 시 자체—화자는 "황홀감에 내던져져", 그녀의 "가슴은 불타올랐다"—에서 이를 숭고한 것으로 명명한다고 프린스는 지적한다. ('이슬 맺힌 축축함'을 20세기에는 '차디찬 땀'으로 번역한 것은 흥미로운 대목이다.) 프린스의 설명에 따르면, 이러한 번역은 "숭고함의 점진적인 여성화"로 이어지며 18, 19세기에 사포가 수용되는 데 중요한 역할을 했는데, 이는 한편으로 여성 시인들로 하여금 사포의 작품을 모방하게 만든 반면, 다른 한편으로는 "감정적으로 고통받는 육체라는 19세기적 수사"(프린스, 1999)로 사포의 작품을 동화시켰다. 바꿔 말하면, 지배적인 미학에 따라 수행된 번역을 통해 사포의 이름은 감성적인 서정시와 동의어가 되었다. 19세기에 걸쳐 "서정시의 목소리는 말하지 않는다는 바로 그 점 때문에 여성적으로 젠더화된다"(*ibid.*)는 더욱 광범위한 결과를 낳았다고 프린스는 주장한다. 아이러니하게도, 원천 텍스트에서 금기까지는 아니더라도 관습적이지 않은 연애 관계—여성 화자는 자신이 사랑하는 여성과 가까운 남성에게 질투를 느낀다—로 인한 『단편 31』의 '목소리의 단절'은 여성들의 관습적인 침묵에 꼭 들어맞고 부합하며 이를 입증하는 방식으로 번역되었다. "사포가 번역에 사용되고 번역에 의해 남용된 코퍼스라는 목소리로는 결코 승화되지 않는 텍스트로 살아남는다"라고 프린스는 끝맺는다(*ibid.*).

프린스의 연구는 사포 작품에 대한 미학적 규범과 비판적인 읽기에 관련된 것이지만, 프린스의 젠더에 관한 20세기 후반의 감수성은 '번역에서 사포의 사후의 삶'에 관한 분석에 영향을 주고 있다. 번역 분석에 관한 프린스의 연구는 젠더가 얼마나 생산적인 분석 범주가 될 수 있는지 입증해 보이며, 번역과 역사를 통해 텍스트들에 많은 변화가 생긴다는 점을 이해하는 데 도움을 준다.

레이어는 사포 작품에 남아있는 파편적인 자료를 어떻게 번역할지에 관한 문제에 주로 초점을 두고 있기 때문에, 젠더 이슈가 제기되는 것은 젠더화된 소재를 경시하면서 파편들을 '완전하게 만드는' 때이다. 프린스의 분석에서는, 젠더와 서정시 장르가 지배적인 문학 미학에 실제 번역이 어떻게 포함되는지 입증하는 것과 결부되어 있다. 한편, 제인 베첼러는 루이즈 라베 작품의 번역본에 대하여 페미니즘적 읽기가 이러한 번역 작품에 미친 효과에 대해 질문을 던진다. 그녀는 동일한 시의 '페미니즘 이전'과 '페미니즘 이후'의 번역본들을 고찰하고 대상에 대한 역자 서문들을 고찰한다. 비록 베첼러가 이러한 용어들을 구체적으로 정의 내리지는 않지만, 1975년 경 이후의 작품들은 '페미니즘 이후의' 관점에서 이루어져 노골적인 젠더 고정 관념을 기피하는 반면, 그보다 앞선 '페미니즘 이전의' 번역본들은 좀 더 전통적인 여성관을 반영한다는 암시를 주고 있다. 라베의 시에 대한 전통적인 20세기식 읽기와 번역본은 라베의 시적 목소리를 남성의 욕망에 수동적이고 굴복하는 것으로 번역하며 "여성에 대한 남성 중심적인 시각과 남성적인 글쓰기를 수용하는"(베첼러, 1995) 경향을 보인다. 반면에, '페미니즘 이후의' 비평가와 번역가들은 "라베를 성적 불능이라기보다 성적 유능으로, 성적으로 소극적이기보다는 적극적인 것으로 간주하고"(*ibid.*)자 한다.

루이즈 라베의 『소네트 제5가: 밝은 비너스』(*Sonnet V: Clere*

Venus)는 비너스를 향한 여성 화자의 호소로, 화자는 사랑에 대한 자신의 열망에 대해 이야기하고 있다. 시는 다음과 같다.

Clere Venus, qui erres par les Cieus,
　　Entens ma voix qui en pleins chantera,
　　Tant que ta face au haut de Ciel luira,
　　Son long travail et souci ennuieus.

Mon oeil veillant s'atendrira bien mieus,
　　Et plus de pleurs te voyant gettera.
　　Mieus mon lit mol de larmes baignera,
　　De ses travaus voyant témoins tes yeus.

Donq des humains sont les lassez esprits
　　De dous repos et de sommeil espris.
　　J'endure mal tant que le Soleil luit;

Et quand je suis quasi toute cassée,
　　Et que me suis mise en mon lit lassée,
　　Crier me faut mon mal toute la nuit.

　　베첼러는 프레드릭 프로코시(Frederick Prokosch, 1947)와 프랜시스 롭(Frances Lobb, 1950)이 출간한 이 시의 '페미니즘 이전의' 번역본들을 논의하고, 이들을 잔느 프린(Jeanne Prine)(in Wilson 1988)의 번역본과 비교한다. 그녀가 확인한 바에 따르면, 프로코시의 번역본 서문에는 시로 번역될 여성의 고정관념에 대해 이미 배경지식이 제공되고 있다. 프로코시는 역자 서문에서 라베의 미모와 용기를 높이 사고 있지만 그녀의 공격적인 행동, 호전성, "그녀의 연애 생활은 성미 고약한 친밀함의 분위기 속에서 행해졌다"(베첼러 1995 인용)는 점에서 흠을 잡는다. 즉, 프로코시는 라베를 불안정한 사람으로 설정한다. 베첼러는 세밀한 분석을 통해 이러한 정신적 불안이라는 개념이 프로코시의 『소네트 제5가』 번역에 나타난다고 보여주는데, 주로 심신의 쇠락을 강조하는 부가어나 집착과 신체 폭력, 히스테리성 공격을 함축하는 의미항목을 사용함으로써 드러난다. 마찬가지로, 프랜시스 롭의 번역본도 과장된 감정, 멜로드라마 같은 비탄을 강조하고 있다.

밝은 비너스여, 하늘을 방랑하는 그대여
아, 내 목소리 들으소서, 여전히 그대 향해 울부짖나니
그대가 천상에서 최고로 빛나는 한
나는 육중한 고난과 오랜 비탄을 견딜지니

감지 않은 내 눈 더욱 부드러워지고
단호하던 내 눈물 주르륵 흘러내리니
나의 야간철야는 너그러워지리
내 울음 그대가 본다면

이제는 지친 눈꺼풀을 닫을 시간
부드러운 잠이 몰려와 가슴과 머리에 평안을 주리
오, 하지만 온 종일 내 슬픔 커져만 가네

마침내 슬픔으로 거의 둘로 쪼개져
나는 지긋지긋한 잠자리를 찾아드네
온 밤을 지새우도록 슬픔으로 비통해하네

"그대는 하늘을 방랑하네"(thou who wanderest), "그대 향해 울부짖나니"(cry to thee), "최고로 빛나는 그대"(thou shinest high)와 같이 이인칭 대명사를 두드러지게 사용함으로써, 롭은 원천 텍스트에서는 전혀 찾아볼 수 없는 화자의 의존성을 만들어낸다.

한편, 잔느 프린의 '페미니즘 이후의' 번역은 시작부터 다른 어조를 띠고 있다. 화자는 비너스에게 자신의 목소리를 들을 것을 요구한다. 화자와 비너스의 관계, 즉, "이들 두 여성과 관련 있는 짝사랑의 딜레마에"(베첼러, 1995) 중점을 두고 있다. 능동형 동사를 더 많이 사용함으로써 프린은 화자의 강인함과 더불어 이 슬픔을 딛고 살아가야 한다는 인식을 강조하고 있다. 프린의 번역은 다음과 같다.

밝은 비너스여, 하늘을 방랑하는 자여
고통에 잠긴 내 목소리가 부르는 노래 들으소서
그대가 빛나 보이는 한 그대에게 부를지니
무엇보다, 사랑으로 오래 긴장하고 지친 목소리를

경계어린 내 눈은 더욱 감동하리라
그대 보며 더 많은 눈물 흘리리라
눈물은 부드러운 내 침대를 더욱 적시리라
내 고통 바라보는 그대의 눈과 함께

이제 사람의 정신은 피곤해지고,
달콤한 휴식과 잠에 사로잡혔다네.
하지만 햇빛이 빛나는 동안 고통을 견딘다네

그리고 내가 완전히 망가질 때면
잠자리를 마련해 지쳐 쓰러지네
밤이 새도록 고뇌를 외쳐야 하리.

베첼러는 마지막 연에 대한 롭과 프린의 해석에서 특히 통찰력
이 엿보인다고 평가한다. 롭의 번역에서는 멜로드라마 같은 효과를
고조시키는 '슬픔으로 둘로 쪼개져'(rent/In two with grief)라는 행의
'과장된 드라마'에 주목한다. 침대에 '지긋지긋한'(hateful)이라는 단
어를 추가해 "잠자는 공간이자 성적 행위의 공간이기도 한 **내 침대**
(mon lit)"를 화자의 비참함에 대한 표현으로 바꾼 점에 대해서도 언
급한다. 마찬가지로, 베첼러는 마지막 행에 중요한 반전에 있다고 언
급한다. 라베의 원작에서는 고통을 울부짖어야 하는 화자가 행의 첫
부분("Crier me faut mon mal")에 위치하기 때문에 강조되고 있다.
하지만 롭의 번역에서는 "밤새도록 슬픔에 잠겨 비통해하네"라며 고
통의 기간이 강조되고 있는데, 이것은 어순 때문만이 아니라 '비통해
하다'라는 단어 때문이고 이 단어는 화자가 회복가능한 정도인 원천
텍스트의 mal(고통)보다 더한 상태를 함축한다. 한편, 프린의 1988년
번역에서는 이 마지막 행을 "밤새도록 고통을 울부짖어야 한다네"라
고 번역하며 고난이라는 임무의 중요성을 지적하고 있다. 의무의 뜻
을 지닌 동사를 사용한 것은 라베의 faut(해야 한다)와 비견되며, "감

정의 붕괴에 빠지거나 다른 이들의 희생양, 혹은 운명의 여신이 그녀에게 부과한 무엇"(1995)이 되기보다 오히려 고통으로부터 힘을 얻고 있음을 보여준다. 뿐만 아니라, "지친 채로 잠자리에 들고"라는 프린의 번역은 화자의 명쾌한 자기 인식을 인정하고 이를 표현한다. 그녀는 독자들을 위해 자신의 고통을 쓰고 있는데, "잠자리에 들고", "영광스런 패배"를 하는 것을 보여주는 시로 자신의 경험들을 자의식적으로 만든다.

베첼러와 프린스가 발전시킨 번역본 비교 분석은 한 줄 한 줄씩 비교해야 하는 상당히 힘이 드는 분석 방법이다. 논의 사항이 단어의 연관성이나 어순, 리듬의 미묘한 변화에 달려있기 때문에 문학적인 어조나 메시지의 미세한 변화를 감지하는 예리한 감성이 필요하기도 하다. 마지막으로, 작품이 쓰였고 번역본이 생산됐던 시대에 지배적이었던 사회·문화적 맥락과 미적 기준에 대한 높은 이해도는 이러한 텍스트들이 사회운동, 문화용어 해설, 문학사조로부터 받은 영향에 대해 설명하는 데 도움이 된다. 이를 비롯한 다른 번역비평의 사례들에서 확실한 점은 여성운동이 실제 번역에만 영향을 준 것이 아니라 번역과 연관된 비평가와 학자들에게까지 영향을 주었다는 것이다.

'상실된' 여성 번역가 되찾기

여성의 글에 대한 관심이 되살아나면서 여성 번역가들을 발견하게 되고 이들에 대한 심도 있는 연구가 이어졌다. 역사적으로 여러

시대에서 여성들의 역할은 번역에 국한되어왔기 때문에 상당수의
'상실된' 여성 번역가들이 밝혀지지 못했다. 이러한 작품의 탁월한
예로 *Silent but for the Word*(한네이, 1985)가 있는데, 이 책은 종교
서적의 후원자, 번역가, 작가로 활동한 튜더가 여성들에 관한 논문집
이다. 마가렛 한네이(Margaret Hannay)는 이 책의 서문에서 16세기
영국의 여성들의 상황을 여실히 보여준다. 한네이는 여성들에게 침묵
을 권고하는 다수의 예절서를 인용하고 여성들로 하여금 교육받지
못하고 침묵하게 만든 교육 체제에 대해 설명하면서, 이러한 제한적
인 상황에서 드물게 교육받고 지적인 여성들에게 종교서적이 어떻게
유일한 탈출구가 되었는지 보여준다.

> ... 여성들은 종교 교육과 남성들의 출간물을 장려하는 데 자신의
> 부를 사용하거나, 다른 (보통 남성) 작가들의 종교서적을 번역하
> 며, 아주 드물게는 자신의 복음묵상록을 쓰는 등 자신의 종교적
> 신념을 드러내는 데에서만 침묵의 규칙을 깨는 것이 허용되었다.
> (1985:4)

한네이는 종교적 글쓰기에 국한된 상황이 두 가지 결과를 야기했
다고 주장한다. 첫째, 상당수 귀족 여성들의 부와 에너지, 학습이 다양
한 종교서적의 생산으로 흘러들어갔고, 그로부터 신생 프로테스탄트
교회가 이득을 얻으려 한 것은 분명하다. 둘째, 이렇게 부유하고 열정
적이며 학식 있는 여성들은 때때로 자신이 작업하고 있는 작품들을
전복시켰는데 다른 경우에서는 할 수 없었던 "사적·정치적 발언을 삽
입하기" 위해 번역이라는 도구를 사용하였다(1985:4). 즉, 이렇게 침

묵당한 여성들은 번역으로 말미암아 결코 의도적인 것은 아니었겠지만 때때로 자신의 목소리를 다소나마 기입할 수 있는 지적인 직업을 가지게 되었다.

- 영국 르네상스기의 '전복적 행위'

이 선집은 '상실된' 여성 번역가들을 소개하고 있는데, 이들 가운데는 영국의 엘리자베스 1세와 같이 잘 알려진 역사적 인물뿐 아니라 파괴적인 영향력을 가진 여성들도 있었다. 또한 텍스트에 대한 그들의 개인적, 정치적 개입을 살펴보고, 학식 있는 여성들이 공개서한에 참여하는 것을 저지하거나 '허용했던' 종교적, 정치적 맥락에 대해 탐색한다. 공공 담화를 담당하는 당국이 교육받은 여성들에게 행사했던 규제와 여성 번역가들이 번역을 통해 이러한 규제를 전복했던 방식은 르네상스기 여성 번역가들에 대한 방대한 영어 연구 대부분에서 찾아볼 수 있는 공통된 맥락이다.

Translating Slavery(캐디쉬와 마사르디에-케니, 1994)와 마찬가지로, *Silent but for the Word* 선집은 페미니즘적 역사 연구의 관점에서 편찬된 서적으로 정열적이고 유능했던 여성들의 계보에 대해 탐구한다. 또 마가렛 모어 로퍼(Margaret More Roper), 엘리자베스 1세, 쿡 자매(the Cooke sisters)와 메리 시드니(Mary Sidney) 등 번역가였던 다수의 튜더가 여성들을 비롯해 시인이자 종교서적의 후원자 겸 작가였던 다른 여성들도 소개하고 있다. 번역본에 대한 논의에서는, 이러한 여성들의 목소리가 들리는 순간들에 대해 방점이 찍히는 경우가 많다. 여성들의 작품이 매우 제한되던 시기에는 그들의 번역본

에서 그려지는 사적인 순간들이 자신들의 경험과 당대의 사회정치적
상황에 대한 이해를 반영하고 있는 것으로 보인다.

엘리자베스 1세의 번역본은 가장 확실한 예가 된다. 앤 레이크
프리스콧(Anne Lake Prescott, 1985)은 엘리자베스 1세가 번역한 마
르그리트 드 나바르(Margerite de Navarre)의『죄 있는 영혼의 거울』
(*Le miroir de l'âme pécheresse*)을 분석한다. 그녀는 엘리자베스의
상처 깊은 가정사가 번역에 틈입한다는 주장을 펼친다. 열한 살의 엘
리자베스가 다른 부분에서는 대체로 직역을 했지만 오류나 누락 같
은 실수가 눈에 띄는 부분은 자신의 상황에 대한 혼란스러움을 반영
하는 것인지도 모른다(1985:68ff). 엘리자베스는 헨리 8세의 여섯 번
째 부인이자 자신의 계모인 캐서리 파(Catherine Parr)의 가정에서 생
활하며, 친모인 앤 불린과 양모 캐서린 하워드가 처형당하는 아픔을
겪었다. 클레페의 앤(Anne of Cleves)의 이혼, 제인 시모어(Jane
Seymour)의 죽음을 목도하기도 했다. 가족 간의 사랑과 관계라는 측
면에서 종교적 인식을 표현하는 이 프랑스 시에 대한 엘리자베스의
번역이 아버지상에 대한 분노까지는 아니지만 깊은 모호함을 드러낸
다는 점을 프리스콧은 밝히고 있다. 프리스콧의 해석에서 예를 하나
들면 다음과 같다.

> 마르그리트가 말하길, 어떠한 범부도 간음한 아내를 용서치는 않
> 을지니, 외려, 복수심으로 그들을 심판하고 죽음에 이르게 할 이
> 들이 얼마든지 있나니. "Assez en est, qui pour venger leur tort,/
> Par les juges les on faict mettre à mort". (ll.587-88) 이를 엘리자

베스는 다음과 같이 쓰고 있다. "그녀들의 잘못된 행실을 앙갚음 하기 위해 재판관들로 하여금 사형선고를 내리게 할 자들은 충분히 많도다." (1985:70)

프리스콧은 **그**hym(남편?)가 삭제되고 **그들**로 대체되었다는 점을 언급한다. 이것이 무의식적으로 엘리자베스의 가족이 처한 상황을 가리키고 자신의 아버지가 휘두르던 권력을 거부함을 보여주는 것일까? 20세기 정신분석학의 이론과 연구결과들을 적용해 그저 추측할 따름이다. 프리스콧은 그러한 질문들이 여기서 부적절한 것은 아니라고 하는데, 젠더 혼동이나 권위에 관한 이슈들은 번역본에서 지속되고 있기 때문이다. 아마도 이 시를 두고 "딸들에게 자애롭고 간음한 아내를 처형하지 않는 위대한 왕이자 판관으로서의 신에 대한 열렬한 환기"(*ibid.*:71)라고 프리스콧이 표현하는 그 무엇에 대해 엘리자베스가 곤란을 느꼈을 것이다. 이러한 경우, 번역자의 개인사는 명백하게 취약한 수많은 여성 가운데 한 명으로서 작품에 영향을 주는 중요한 요인이 된다.

정치적 취약성에 대한 이와 비슷한 인식이 쿡 자매의 번역본에도 나타나는데, 이들의 작품은 종교서적에 국한된다. 비평가 메리 엘렌 램(Mary Ellen Lamb)도 개인 서신에 포함된 쿡 자매의 번역의 사용을 연구한다. 그들이 번역을 사용한 것은 스파이가 기밀이나 사적인 정보를 접하지 못하게 하고, 영어로는 너무 노골적일 수 있는 은근한 협박을 하기 위해서였다. 또한 여러 언어를 구사하는 그들의 재능은 공적으로는 억압받았던 박학다식의 증거이다. 비록 이들의 작품이 전복적인 영향을 갖는다고 주장하기는 어렵겠지만, 램은 이들 르네상스 여성들이 정치적으로는 취약했지만 단호하고 결연했으며, 자신이 속한 사회를 능숙하게 다룰 줄 알았다는 주장을 펼친다(램, 1985:124). 메리 시드니의 번역본도 정치적 위기에 처한 귀족 가문의 관점에서 소개된다. 베스 윈 피스켄(Beth Wynne Fisken, 1985)은 시드니의 번역본과 시편 주해를 고찰하며 시드니의 의견과 취향, 경험들이 어떻게 반영되는지 보여준다. 특히, 피스켄은 아내이자 어머니, 그리고 위기의 가정에서 여성 구성원으로서 겪은 시드니의 경험들이, 다른 경우라면 침묵했을 영국 튜더가 여성의 목소리의 흔적을 남기며 그녀가 사용하는 은유과 이미지로 얼마나 표현되는지에 주목한다.

이 책과 티나 크론티리스(Tina Krontiris)의 *Oppositional Voices: Women as Writers and Translators of Literature in the English Renaissance*(1992)는 저항적인 여성들의 역사를 수립하고자 하는 동기에서 비롯된 것이다. 이러한 욕구는 번역본들을 분석하는 많은 시간과 인내심을 필요로 하는 분석 작업에 힘을 주고 동기를 부여한다. 여성 번역가들은 본질적으로 적대적인 환경에서 감히 작품을 출간하려 했다는 단순한 사실을 이유로 '불순분자'(subversives)로 간주된다. 또, 그들이 특히나 '전복적인' 경우는 그 방식이 얼마나 신중한지에 상관없이 젠더 문제를 언급할 때인데, 그렇게 함으로써 자신들의 작업이 지닌 한계가 내재된 것이라기보다 자신들에게 부과된 것이라는 인식을 드러내기 때문이다.

당시의 상당수 중산층 번역가들은 남성적 수사라는 관습을 여성화된 형태로 다시쓰기 함으로써 젠더에 관심을 보였다. 더글러스 로빈슨(Douglas Robinson, 1995)은 "Theorizing Translation in a Woman's Voice"라는 논문에서 마가렛 타일러(Margaret Tyler), 캐서린 필립스(Katherine Philips), 수잔 두 베게르(Suzanne du Vegerre), 아프라 벤(Aphra Behn)이 쓴 번역에 관한 텍스트들을 탐색하고 있다. 그는 궁정식 사랑, 후원, 도덕에 관한 담화를 여성적으로 사용하는 것을 전복적인 행위의 표시로 보았다. 예를 들어 마가렛 타일러는 여성을 남성의 (침묵한) 뮤즈이거나 후원자라고 보는 남성 작가들의 전통적인 주장에 반박하고, 여성들이 번역가나 작가로서 스스로를 표현할 권리를 주장하는 데 이를 사용한다. 그녀의 주장을 대략적으로 살펴보면, 여성들은 남성들이 그들에게 헌납하는 것을 읽고 번역할 수 있어야 하고, 더구나 남성이 여성에게 이야기를 헌납하는 것이나 여성이 자신의 이야기를 글로 쓰는 것에는 차이가 없다는 것이다. 이 마지막 주장이 완전히 논리적이지는 아니지만, 침묵하고 수동적인 여성 뮤즈/후원자에서 적극적인 독자/번역가/작가로 변모시키는 타일러의 주장은 후원자라는 관습적인 수사에서 벗어나는 의미 있는 출발점이다.

마찬가지로, 캐서린 필립스가 자신의 번역본에 대해 자기비하적으로 논평한 것은 주로 사회적 지위가 낮은 남성이 귀족 계급의 여성 후원자로부터 관심이나 지원을 얻으려고 사용하는 궁정식 사랑에 관한 수사를 패러디한 것으로 보인다. 필립스는 번역하기 전에 반드시 '구애를 받아야' 하는 번역가로 자신을 소개한다. 그녀의 말에 따르면, 자신의 작품은 너무나 '미천하고', 더 많은 것을 하도록 요청받아야 한다. 그녀는 후원자와의 관계를 다음과 같이 표현하고 있다.

... 다음번에 그를 봤을 때, 얼마 전까지도 왕국을 호령하던 그가 그렇게 사소한 것 때문에 내게 애걸하는 수치스러움을 보이지 않도록 그러한 번역을 고수해야 한다며 집요하게도 요구했기에, 나는 그 장이 있는 막이 끝날 때까지는 그의 말에 따랐다 ....
(로빈슨, 1995:163에서 인용)

그녀가 자신의 작품을 하찮게 여기는 척해도 자신의 번역본에서 더 많은 것을 바라는 빗발치는 요구에 굴복할 때도 주도권은 그녀에게 있다는 점은 좀처럼 숨겨지지 않는다. 이에 필립스는 궁정식 사랑이라는 수사를 사용하지만 이는 사회적 지위가 낮은 인물에게 주로 적용된다.

로빈슨은 전통적으로 남성들이 가졌던 도덕주의자라는 입장을 번역가가 어떻게 이용해서 자신의 취향을 글쓰기에 담고 있는지 보여주기도 한다. 수잔 두 베게르는 힘든 노동, 안정, 최소한의 수식이라는 가치를 중요시한 중산층이 급증하던 시기에 글을 썼기 때문에 자신이 번역하는 텍스트에서 지나치게 양식적이고 서술적인 내용은 다듬었다. 그녀는 로빈슨이 '모성적 목소리'라고 부르는 것을 통해 이것을 설명하는데 독자들의 도덕 상태에 비추어 부적절하다고 여겨지는 것을 검열하는 것을 말한다.

이러한 예를 통해, 영국 르네상스기의 여성 번역가들은 자신들에게 부과된 제약에도 불구하고 어느 정도 힘을 행사했음을 알 수 있다. 어떤 이들은 관습적인 용어에 대해 자신이 개입하고 전용하고 있음을 인지하며 자의식을 갖고 이러한 힘을 행사하기도 했다. 이러한 분명한 인식이야말로 젠더 문제를 다루는 연구자들에게 그들의 작품이 매력적으로 다가오는 이유가 된다.

-19세기 여성 번역가들

로빈슨과 한네이 같은 북미 비평가들은 르네상스기 여성 번역가들의 작품에서 개인의 목소리와 경험에 관한 흔적들을 찾으려는 열망으로, 자신들이 논하는 르네상스기 여성 번역가들에게 다소 성급하게 전복적인 가치를 부여했을 수 있다. 19세기 영국 여성 번역가들에 대한 글을 쓴 수잔 스타크(Susanne Stark)는 좀 더 회의적인 입장을 취한다. 스타크는 번역가들이 누구인지 확인하고 일일이 열거하는 수고를 하며 그들이 서문이나 메타텍스트에서 상정한 입장에 대해 알려준다. 그녀는 다소 잘 알려진 상당수 여성 번역가들의 이름과 출생연도, 사망연도를 소개하는데, 그 중에는 매리언 에반스(Marian Evans, 필명은 조지 엘리엇George Eliot)도 있다. 스타크는 번역을 "공공의 인식으로부터 벗어난 여성적 도피"(1993:37)로 만든 지배 담화의 영향력을 인정하기는 하지만, 20세기 대다수 페미니스트 이론화의 밑바탕이 된 하나의 특정 개념－버지니아 울프(Virginia Woolf)의 '집 안의 천사' (Angel in the House)라는 개념－을 강력히 거부한다. 울프는 이러한 '집 안의 천사'가 19세기 젠더 조건화의 산물이자 빅토리아 시대 후기에 친숙했던 여성상으로 "매우 동정적이고", "대단히 매력적이며", "전혀 이기적이지 않으며"(울프; 스타크 1993:33에서 인용) "그들의 순결과 우아함은 울프가 작가로서 가진 존재감을 위협했다"고 설명한다. 스타크가 보기에 이러한 '천사'는 사실 그녀가 발굴하는 19세기 번역가들에 있어서는 영향력을 거의 행사하지 못했다. 이들 여성 번역가들은 여행을 하고 외국어를 배웠으며, 계약을 협상하고 기업가다운 능력을 계발했다. 즉, 매리언 에반스나 새라 오스틴(Sarah Austin) 같은 여성 번역가들이 19세기의 사회 관습에도 불구하고 중요한 작업을 생산해 낼 능력을 완벽히 갖추었다는 것이 스타크의 주장이다.

　이렇듯 스타크는 한네이의 선집에서 학자들이 제기하는 심리적인 질문을 던지는 것을 회피하고, 또 번역가의 사회적 지위가 번역본에 미친 영향들에 대해서도 고민하기를 거부한다. 엘리엇의 남성 원작자가 자신의 작품이 "최고로 가증스런 인간 족속인 … 어린 아가씨"에 의해 번역된 것에 어떤 반응을 보일지에 대한 엘리엇의 의문을 스타크는 언급하고 있지만(*ibid.*:36), 이를 심리적인 수준으로까지 발전시키지는 않는다. 스타크는 가부장적인 역할 모델을 전복시키지 않으려고 "따옴표 뒤에 숨으려는"(*ibid.*:40) 새라 오스틴에게 심리적 장애가 많다고 보지 않는다. 스타크는 이들 여성 번역가들의 업적을 다룬 자신의 연구를 그들의 번역 작품보다는 그들이 진술한 내용과 당대 남성들이 이따금 제시한 의견에 기반을 두며, 영향력 있는 여성 번역가들이 공평한 몫을 차지했던 19세기 영국에서 이들은 울프를 그렇게도 방해했고 결국 남성에게 수동적으로 복종하고 내조하는 빅토리아기 여성들의 역할을 상징하게 된 '집 안의 천사'를 의식하지 못했다고 결론짓는다.

　스타크의 연구는 여러 여성 번역가들의 작품을 발굴했다는 점에서 가치가 있지만, 온건하게 비판적인 그녀의 입장은 좀 더 정치참여적이고 좀 더 감정적인 북미의 연구와는 흥미로운 대조를 이룬다.

19세기 여성 번역가를 다룬 또 다른 심도 있는 연구를 여기서 언급할 필요가 있을 것이다. 미국인 마가렛 풀러(Margaret Fuller)는 작가이자 출판인, 뉴잉글랜드 작가 모임의 회원으로 활동하던 초창기에 독영본 번역 작품들을 출간했다. 그녀가 번역한 작품에는 『타소』(Tasso)가 있는데, 이 작품은 괴테가 1833년경 탈고하여 1860년에 사후 출간된 『토르콰토 타소』(Torquato Tasso)를 번역한 작품이다. 이러한 번역 작품들은 풀러가 계속 생산해낸 다른 작품들에 가려져 그 중요성이 대체로 간과되어왔다. 하지만 크리스티나 츠바르크(Christina Zwarg, 1990)는 "풀러가 번역을 통해 여성들의 번역을 민주적인 문화로 시작하는 방법을 찾아냈다"(ibid.:464)고 주장하며, 풀러의 번역 작품에 초점을 두고 있다.

풀러의 『타소』는 그녀가 관심 있어 하는 교육학, 문학적 영향력, 대화와 토론에 기반을 둔 '통역 공동체'에 관한 견해라는 맥락에서 논의된다. 츠바르크는 또한 풀러가 에머슨이나 다른 뉴잉글랜드 지식인들과 맺은 관계, 여성의 교육에 대한 관심뿐만 아니라 서평이나 번역 발췌본, 비판적 에세이, 번역 전문 등의 출간에 관련해서 풀러가 내린 결정에 대해 조사하기도 한다. 이러한 결정 중의 일부는 희곡 『토르콰토 타소』를 추진시키고 풀러 자신의 세계에 존재하기도 하는 젠더와 힘, 권위 사이의 긴장들을 반영하고 있다. 예를 들어, 풀러는 자신의 지적 환경, 특히 에머슨과의 관계가 희곡 속 등장인물 사이의 복잡한 관계와 유사하다고 보는데, 이 희곡에서 젠더, 교육, 사회적 조건화와 해석이라는 이슈들은 드라마틱한 긴장의 원인이 된다고 한다. 19세기 미국에서 고전 언어와 유럽 언어들을 교육받은 보기 드문 여성이라는 역할에 풀러를 배치시키면서, 츠바르크는 풀러의 번역이 "여성들을 보완할 가능성이 있다면 급진주의를 적극적으로 발산하는 방식으로 그 희곡을 표현하며"(1990:473) 괴테의 희곡 속 여성 인물들을 부각시킨다고 주장한다.

풀러의 번역은 여러 가지 다른 방식들로 작용한 것으로 보인다. 예를 들어, 연극의 말미에 이르러 타소가 탐닉하는 여성혐오주의적 수사를 강화하는데, 이로써 타소가 두 여성 인물을 인식하는 방식에서 차이가 없어진다. 두 여성의 관계를 중심으로 희곡의 상당 부분이 전개되기 때문에 이들 간의 차이가 주요 주제가 되어왔지만, 풀러는 실망과 굴욕에 빠진 타소가 이 둘을 '사이렌'(sirens)으로 대하는 것과 같은 방식으로 개입을 한다. 4막에서 타소가 레오노라에게 "Leonora Sanvitale, / Die zarte Freundin! Ha, dich kenn' ich nun!"이라고 언급하는 것을 풀러는 "레오노라 산비탈레, 부드러운 사이렌이여. / 이제야 그녀의 정체를 알겠다!"(츠바르크, 1990:488에서 인용)라고 번역하고 있다. 'zarte Freundin'(직역하면, 부드러운/온화한 (여자) 친구)라는 냉소적인 지칭이 '부드러운 사이렌'으로 번역돼 좀 더 과격한 어조를 띠게 된다. 타소가 연극의 말미에서 공주를 '사이렌'이라고 부를 때에, 그는 두 여성을 동일하게 축소시키고 "욕망과 고통의 순환"(*ibid.*:472)을 강조하면서 이러한 첫 번째 지칭을 되풀이한다.

풀러의 번역은 타소와 공주가 움직이고 생각하는 제한적인 젠더 체계화를 고조시키기도 한다. 예를 들어, 괴테의 원작에서 사용되지 않은 '포로'(captive)와 '노예' 같은 "폭발적인 용어들"(츠바르크, 1990:480)을 채택한다. 공주가 타소의 시가 지닌 영향에 대해 생각할 때에, 그녀는 타소에게 독일어로 이렇게 말한다.

Und soll ich dir noch einen Vorzug sagen,
Den unvermerkt sich dieses Lied erschleicht?
Es lockt uns nach, und nach, wir hören zu,
Wir hören, und wir glauben zu verstehn,
Was wir verstehen, das können wir nicht tadeln,
Und so gewinnt uns dieses Lied zuletzt.

이 구절은 공주가 시인 타소에게 자신의 구혼자에게 실망했고 외로울 때면 타소와 타소의 시에 의지한다며 자신의 속마음을 털어 놓는 순간에 나오는 구절이다. 풀러는 이러한 유혹을 힘과 통제의 위계에 따라(츠바르크, 1990:480) 읽으면서 다음과 같이 번역한다.

그대의 시에 최고의 찬사를 보내자면
우리를 유혹하고 또 유혹하네. 우리는 듣는다네.
우리는 이해한다고 생각한다네. 이해한다는 것을 비난할 수 없소.
그리고 결국은 그대의 포로가 된다네.

공주가 사용한 '포로'(captive)라는 단어는 '노래가 우리의 마음을 사로잡는다'라고 말하는 독일어 원문 텍스트에서는 필요치 않은 것이다. 이 단어가 지닌 효과는 타소가 '노예'라는 단어를 사용하며 열정적이고 격정적으로 대응할 때 한층 고조된다. 독일어로는 그가 "Ja, fordre was du willst, ich bin dein!"(무엇을 요구하든지, 나는 그대의 것이네)이라고 말하고 있지만, 풀러의 번역본에서는 이렇게 표현된다.

"그대의 노예에게 무엇을 요구하든지"(Whate'ver/Thou wilt, ask of thy slave). "백인 여성들은 포로 내러티브에서 주요 대상이었고 흑인은 노예폐지론의 중심이 되는"(ibid) 곳에서 '노예'와 '포로'라는 단어가 미국인 청중에게 울리는 반향을 생각할 때, 이러한 의미적 선택들은 두 인물 사이에서 획득되는 힘의 문제와 긴장을 상당히 증가시킨다. 이에 비해, 1979년 존 프루도(John Prudhoe)가 출간한 공주의 대사 번역은 다소 부드럽다.

> 그 자체에 또 하나의 비밀이 있다네.
> 그대 노래는 우리를 유혹하네, 그 사랑 얘기를
> 듣노라면. 우리는 듣고 또 이해한다네.
> 우리가 이해하는 바를 비난할 수는 없소.
> 그리고 마침내 그대 시가 우리 마음을 차지해버리는 것을 그대는
>   볼지니.

이 번역은 힘과 권위라는 이슈들을 피하고 있다. 대신, 구체적으로 '사랑'이라는 단어를 사용하고, 3행의 첫 부분에 앙장브망(enjambment)을 사용하여 사랑이라는 주제를 강조한다. 타소의 시가 공주의 마음에 불을 지폈을지 모른다는 점(그녀가 독일어로 분명히 밝히지 않지만)과, 그가 갈망하는 '사랑'은 두 가지 상이한 현상으로 그들의 권력 관계의 지배를 받고 있다.

풀러가 번역한 『타소』에서 가장 흥미로운 측면은 아마도 풀러의 지적인 환경에서 이 작품이 맡은 역할일 것이다. 이러한 측면은 그녀가 이 희곡에 『토르콰토 타소』가 아니라 『타소』라는 간단한 제목을

붙이는 것으로 더욱 부각되는데, 이는 실존했던 역사적 인물과 거리 두기를 하며 풀러를 작품과 좀 더 밀접하게 연관시키는 효과를 낳는다. 이 작품은 필사본으로 통용되던 콩코드 사교계에서 논의되던 수많은 다른 관련 주제들을 다루었기 때문에, "타소"라는 이름은 풀러와 그녀의 지인들, 특히 에머슨에게 "자신들의 복잡한 상호교류의 신호탄"(츠바르크, 1990:473)이 되었는데, 이는 에머슨이 수필집을 통해 이 희곡에 대해 언급한 내용으로 입증되고 있다.

츠바르크는 튜더가 여성 번역가들의 명예회복 사례와 같이, 풀러의 '저항적' 번역을 강조하면서 풀러의 언어와의 관계는 다음과 같이 추정된다고 주장한다.

> 전복적인 내용, 즉, 그녀가 받은 교육과 그 교육으로 가능했던 미국에서의 그녀의 젠더에 대한 "번역"에 동시에 영향 받은 전복이다. (*ibid.*:464)

츠바르크는 풀러의 삶이 지니는 개인적인 측면과 사회적 맥락을 그녀의 번역 작품 선정, 출판 분량, 텍스트에서의 수정, 그녀가 쓴 서문과 논평과 관련시킨다. 츠바르크는 또 다른 '상실된' 여성 번역가를 소개만 할 뿐 아니라, 그에 전복적인 힘을 부여한다. 교육받은 여성으로서 그녀의 특별한 상황을 익히 알고 있는 이들처럼, 풀러는 번역하고 출판하는 '여성 프레임'의 필요성을 인식하고 있다. 그리하여 그녀는 두 여성 간의 지적인 관계를 다룬 독일어 작품인 베티나 폰 아르님(Bettina von Arnim)의 『귄데로데』(*Günderode*)에 관한 글과 함께 자신의 번역 발췌본을 출간하였다. 풀러는 텍스트 선정과 병치, 그리고 그에 대한 의견 제시를 통해 여성들 간의 지적 유대 육성을 다양화하고 상호 연계시킴으로써, 자신이 받은 고전교육이 특별한 재능이 되도록 해준 '민주적인' 미국에서 그러한 구조들에 대하여 여성들이 저항할 공간을 확장시키고 개발시키는 매개체로 번역을 사용했다고 츠바르크는 주장하고 있다.

-라 말린체

페미니즘적 재평가 과정에서 상당히 다른 양상의 여성 번역가가 재조명되었는데, 바로 **도나 마리나**(Dona Marina)라고도 알려진 멕시코의 **라 말린체**(줄여서 **말린체**)라는 인물이다. 전기 작가들(사이페스 Cypess, 1991)의 기술에 따르면, 그녀는 아즈텍 출신으로 어릴 때 노예로 팔렸다가, 훗날 16세기 멕시코에서 코르테스의 통역사이자 아내/정부가 된다. 물론 그녀의 번역이 문서로 존재하지는 않지만, 목격담에 의하면 그녀의 뛰어난 언어 능력과 중재술, 성품은 찬탄의 대상이었다고 한다. 이 인물에 대한 페미니즘적 수정은 "그녀를 매춘부, 혼혈인종 메스티소의 어머니, 민족의 반역자로 낙인찍는 모욕적인 문화적 심판"(미란데와 엔리케즈Mirandé and Enriquez, 1979:24) 때문에 시작되었다. 종래의 신화와 이야기에서는 말린체가 통역사 역할을 수행함으로써 멕시코가 몰락했다며 그녀에게 책임을 돌리고 있는데, 그 결과 오늘날 멕시코에서는 외국인에 대한 동경을 비하하는 말인 말린치스모(malinchismo)라는 단어가 사용되고 있다. 또한 그녀는 정복, 특히 성적 정복의 치욕을 상징하게 되었다. 말린체는 정복자와 성적으로나 정치적으로 관계를 맺은 여성으로 혼혈인종의 어머니가 된 책임이 있다.

말린체에 대한 미란데와 엔리케즈의 페미니즘적 다시쓰기는 이를 심리학적 관점에서 접근한다. 말린체의 생애에서 역사적인 세부 사항들을 소개하고, "자신이 가진 것을 상대에게 건네는 물물 교환의 대상이 된 그녀의 상황을 감안하여"(1979:29) 그녀의 선택과 동기를 이해하려 한다. 이러한 설명에 따르면, 그녀가 중재자라는 입장을 갖게 된 것은 노예로 팔려나가 여러 인디언 사회에서 생활했기 때문이다. 이러한 다문화주의로 인해 어떤 경우에든 일어났을 정복에서 그녀가 중립적이고 중재적인 역할을 수행할 수 있었던 것이다. 또 다른 입장(델 까스띠요Del Castillo, 1977)은 말린체가 스페인 사람들과 함께 한 일의 종교적·정치적 측면을 강조한다. 그녀는 아즈텍 우월주의라는 명목으로 마야와 다른 부족에 대한 아즈텍의 억압과 종교적 목적을 위한 테러리스트의 대량 학살 수단을 경험했다. 아마도 이런 경험이 그녀로 하여금 코르테스는 덜 사악한 자라고 믿게 만들었을지도 모른다. 그녀는 일찍이 가톨릭으로 개종하였고, 그리하여 공포 정치의 붕괴를 야기하는 데 일조하였다.

어떤 설명이든 간에, 말린체 이야기에 대한 페미니즘적 다시쓰기는 성적으로 문란했던 '부도덕한' 여성과 '반역적인' 번역가라는 역할 사이의 불길한 병행을 일축시킨다. 페미니즘적 다시쓰기는 오히려 그녀의 역사적 현실, 사회적 지위, 동기 등에 초점을 두며 그녀를 재능 있는 언어의 천재, 전략가, 유혈 사태를 피하려던 중재자, 부당하게 비방당한 문화적 희생양으로 간주한다.

현재 진행 중인 '상실된' 여성 번역가들의 제자리 찾기와 명예회복, 그들의 삶과 그들의 번역본 및 다른 글들을 다시 읽는 작업은 분명 20세기 후반에 일어난 젠더에 대한 관심으로 촉발된 것이다. 이것은 엄청난 난관에도 불구하고 여성들이 사회에 공헌한 바를 인식할 필요성에서 비롯되었다. 또, 지적인 여성들의 계보를 개편하고 재수립하고자 하는데, 이들은 상당한 역경에 맞서는 끈기 덕분에 사회에 영향력을 행사할 수 있었다. 역사적으로 번역이 여성과 밀접하고도 부정적인 연관이 있는 젠더화된 용어로 기술되어 왔다는 점은 이러한 연구를 더욱 시급하게 해 주었다. 마가렛 한네이(1985:9)가 지적하듯이, 영국 튜더가의 번역은 '결함 있는' 것으로 여겨졌고, 이로써 존 플로리오(John Florio)는 "모든 번역이 '여성으로 간주된다'"고 주장하며, 이러한 하찮은 행위를 한 **자신의** 노고에 대해 사과한다.

한네이는 젠더 의식이 있는 비평가와 연구자들이 번역학에서 종종 제기하는 주요 이슈들에 대하여 언급한다. 여성들은 교묘하게 배제되어 일류 교육을 받지 못했고, 그리하여 공적인 영역에 참여하지 못했다는 것이다. 여성들은 결국 '미천한' 선택지인 번역에 눈을 돌리게 된 것이다. 번역은 여성혐오주의적 편견과 결부되어 전통적으로 부수적이고, 재생산적이며 심지어 '배반적인' 행위라고 일컬어져 왔기 때문에, 남성 지배층을 위협하지 않는 침묵하고, 수동적이며 투명한 해석자로 역할을 할 때 그들의 작업이 때때로 용인되었다. 여성들에 대한 역사적인 시각과 정치적 통제는 이와 유사하게 '격하된' 번역의 지위와 평행선을 이룬다. 그러므로 페미니즘이 번역학에 기여할 여지가 있다는 것은 그리 놀랄 일이 아닌 셈이다.

비판들

번역과 번역학에 대한 페미니즘적 접근법을 향한 비판은 두 갈래로 나눌 수 있다. 하나는 페미니즘 외부의 입장을 반영해 학문이나 글쓰기에 있어 '객관적인' 접근법을 선호하는 것이고, 다른 하나는 점차 확대되는 페미니즘 내부의 입장으로 젠더가 결정적인 차이를 만든다는 관점이다. 페미니스트 윤리 내부에서 언급되는 비판들은 새로운 문제를 제기하고, 다양성을 더하며, 번역에 대한 페미니즘적 연구를 좀 더 복합적으로 해석하면서 논의를 진전시키기 때문에 주목할 만하다. 이러한 접근방식은 여러 입장들에 대항하고, 페미니즘 내부에서 논쟁을 유발하여 정치적인 동기가 적은 번역에 대하여 분석적이고 실천적인 작업을 실시한다.

페미니즘 외부의 비판

인류의 경험 즉, 인류의 지식에 영향을 미치는 범주로 젠더에 관한 연구가 상당수 있지만, 여전히 '보편성'이나 '객관성'이라는 개념에 기반을 둔 학문적 연구가 진행되고 있다. 이런 유형의 학문은 당대의 발전을 간과하고, 또 그러한 발전의 수용을 저해하기 때문에 그 자체로 페미니스트 혹은 '포괄적' 연구에 대한 비판이라는 형식을 띤다. 특히 영미권 학계보다 여성운동의 영향력이 적었던 문화에서는 이런 유형의 비판적인 대응이 부정적 결과를 상당히 유발했다. 그러한 학풍에서는 젠더에 관한 관심을 두고 연구자답지 못하다고 낙인찍거나 페미니스트 연구를 중단해야 할 정도로 연구경력이 위협받을 수 있다. 혹은, 젠더 문제를 언급하는 연구가 출간 또는 전파조차 되지 못하여 토론이나 논쟁, 새로운 사상으로 이어지지 못할 수도 있다. 이 분야에 대한 연구를 지속하는 학자들은 비주류가 되거나 불확실한 상태에 처할 수 있는데, 이것은 혁신적인 사고를 형성하고 제시하는 데 있어 불리하게 작용한다.

젠더 의식적인 학문에 대한 그러한 반응들은 현실 학문에 대해 젠더 문제가 지나치게 감정적이고, 정파적이며 이데올로기적이고, 사실 너무 주관적이라는 점을 근거로 스스로를 정당화시킬 수도 있다. 하지만 이러한 견해는 객관성이라는 개념으로 거슬러 올라가는데, 페미니스트 연구가 보여주기에 여념이 없었기 때문에 객관성이라는 개념은 페미니즘 내부에 존재조차 하지 않는데, 기껏해야 소통과 음식, 주거라는 인간의 기본 욕구에 적용될 수 있을 것이다.

성경 번역에서 페미니즘적 이니셔티브에 대한 좀 더 진중한 대응은 유진 나이다(Eugene Nida, 1995)의 짧은 글에 전개되는데, 이책은 '젠더 중립성'에 대한 문제를 제기한다. 이러한 견해에 따르면, 사회문화적 또는 정치적 불평등을 강조하고 이것이 젠더 차이에서 비롯되었다는 연구는 젠더 중립성을 달성하고자 한다. 하지만 대부분의 생명체가 암수로 양분되기 때문에, "그러한 젠더 중립성을 이해하기 위한 근거를 수립하는 인지적 모형은 존재하지 않는다"(나이다, 1995)고 주장한다. 그러므로 생물학적 성차는 젠더가 언어 내에서 인식되고 표현되어야 하며 언어적 한계를 넘어설 수 없다는 기정사실을 정당화시키는 것으로 보인다. 사회적인 변화는 오로지 사회·정치적 층위에서만 이루어질 수 있는데 개별 사회나 집단은 불안정한 상황을 해결하기 위해 문화적인 실천들을 조정하게 된다.

이러한 주장은 페미니스트 행위의 토대 중 하나인 언어 개혁과 대립한다. 이 같은 경우에서, 나이다는 집단(여기서는 기독교 교회를 말함) **내부**의 급진적인 변화만이 교회가 여성과 남성에게 부과한 불평등한 역할을 바꿀 수 있을 것이라고 주장하며, 성경 번역에서 '포괄적' 언어는 "젠더 중립성의 문제에서 전혀 유효한 해결책이 되지 못한다"(*ibid.*)라고 주장한다. 하지만 이것은 고립되거나 오만하고 보수적인 집단들이 새로운 언어를 접하지 않는다면 어떻게 다른 방식으로 보거나 존재하는 법을 알아낼 것인지 질문하게 만든다. '아버지' 같은 용어가 기독교 신에게 부여된 막강한 영적 박애를 나타내기 위해 사용될 때 이것은 그들의 가부장적 편견을 반영하고 더 나아가 이를 강화하고 있다는 것을 그러한 집단이 어떻게 인식하게 될 것인가?

게다가 페미니즘적 연구가 실제로 젠더 중립을 확립하고자 하는지 의문이 든다. 이는 페미니스트의 목표라기보다 '페미니즘 외부에서 비롯된' 논쟁적인 움직임에 가까운 것으로 보인다. 다소 경솔한 반응으로 양성성(androgyny)이라는 용어를 예로 들 수 있다. 이 단어는 하나의 존재 안에 있는 남성과 여성의 신체적 특징이 통합된 결합체를 가리키는 것으로, 젠더 중립성의 한 형태로 인식되어 왔다. 하지만 '안드로'(단어의 '남성' 부분)가 먼저 나오는 것은 단어의 '중성적' 측면과 그 조건에 대한 심각한 의구심을 야기할 수 있다.

젠더 의식적인 번역에 반대하는 또 다른 유형의 비판은 실험적인 작품과 수많은 여성작품 선집의 번역서에 수록되는 다양한 종류의 메타텍스트와 다수에 대해 언급을 한다. 이것들은 실제 텍스트에 혼란을 주는 불필요한 '소음'으로 간주된다. 아마도 그러한 비판들은 텍스트가 독립적이어야 하는데, 만약 그렇지 못하다면 어떤 결함이나 약점이 있다는 견해를 지지할 것이다. 어떤 텍스트는 번역에서 독자적일 수 있다는 것이 분명한 사실이긴 하나, 이는 오랜 세월 이루어진 해석과 다시쓰기, 학문적 관심이 그 텍스트에 대한 전통을 만들었기 때문이다. 일반적으로 여성들의 글, 특히 새로운 실험적인 글은 그렇지 않기 때문에, 메타텍스트는 외국 자료에 대한 목표 문화의 길잡이가 되고 독자가 쉽게 접근할 수 있게 해주는 번역본의 역할을 충분히 할 수 있다.

중요한 예로 뉴욕 시립 대학교의 페미니스트 출판사가 출간한 두 권짜리 선집 *Women Writing in India*(타루와 랄리타Tharu and Lalita, 1991/1993)를 들 수 있다. 이 책의 주요 목적 중 하나는 인도에 거주

하는 각기 다른 인종과 종교 집단에 속한 다채로운 여성들의 글을 영어로 접할 수 있게 하는 것인데 다른 언어를 모르는 인도 독자와 해외의 영어권 대중들을 대상으로 한다. 이 선집은 기원전 600년부터 20세기 후반까지 쓰인 여성들의 글을 소개한다. 그러한 작업에 있어 메타텍스트는 상당한 도움이 된다. 가야트리 스피박(Gayatri Spivak, 1992:189)의 주장처럼, 메타텍스트는 고대 그리스 로마 시대에서 비롯되지 않은 것들은 죄다 무시한 까닭에 문화적으로 편협해진 다수의 영어권 독자들에게 이국적인 자료의 전후맥락을 파악하게 해준다. 뿐만 아니라, 메타텍스트는 선정한 항목에 대한 통찰력을 제공해주고, "영어의 표준 형식들이 [이 작가의] 관용어 범위와 비슷해지도록 확장되기에는 (지나치게) 위생처리 됐기"(타루와 랄리타, 1991/1993, 서문, 1권, xxii) 때문에 작품 번역이 불가능한 것으로 생각되었던 작가들에 대해 논하며, 해외 여성 작품의 변화하는 맥락 안에 인도 여성들의 작품을 위치시킨다. 메타텍스트라는 장치가 없었다면 매우 빈약했을 이 선집에서, 메타텍스트는 접하기 어려웠던 번역 작품을 중재하는 역할을 한다.

페미니즘 내부의 비판

-엘리트주의적 실험들

실험적인 페미니스트 글쓰기는 1970년대 첫 등장 때부터 엘리트주의라는 혐의를 벗어나지 못했다. 이러한 글쓰기가 대중적 소비를 위한 것이 아니라 급성장하는 여성운동에 대한 약간의 지식과 언어적 작업에 관여하려는 의지를 지닌 교육받은 독자들이 대상임을 쉽게 알 수 있다. 이러한 자료가 지닌 '아방가르드'적인 성격을 지지하는 이들과 일부 작가들이 펼치는 주장들은 다음과 같은 이유로 인해 뜻있는 독자들을 더욱 소외시켰다. 첫째, 예술적인 아방가르드는 대부분의 다른 집단만큼이나 효과적으로 여성들을 배제하거나 침묵시켰던 다소 퇴폐적인 청년들의 노력과 관련됐다. 둘째, 아방가르드라는 꼬리표가 붙은 작품은 예술이나 미학의 영역에서나 기능하고 정치적인 무대는 기피하면서까지 직접적이고 구체적인 사회정치적 효과는 좀처럼 발휘하지 못하는 것으로 보인다. 여러 페미니스트들이 자신들의 사회에서 가시적이고 신속한 변화를 일으키고자 했지만, 실험적 글쓰기는 그렇게 함에 있어 매우 직접적인 방식이 아니었다. 셋째, '아방가르드'적인 실험적 글쓰기가 학계에서 얻은 관심 때문에 여성들이 쓴 다른 유형의 작품은 평가절하되거나 배제되기도 했다. 이러한 문제에 대해서는 다른 누구보다 리타 펠스키(Rita Felski)가 심도 있게 논의해왔다. 펠스키는 프랑스 페미니스트의 실험에 관한 일부 급진적인 주장에 대해서 다음과 같이 말한다.

> 그와 같은 실험적 글쓰기에 본질적으로 여성적이거나 페미니즘 적인 것이 있다는 주장에 대하여 신빙성 있는 사례를 드는 것은 불가능하다. 예를 들어, 어떤 이가 여성적 글쓰기(l'écriture féminine)를 살펴본다면 여성의 몸에 관한 은유에서처럼 특정 젠더 요소만이 내용 층위에서 존재하게 된다. (1989:5)

펠스키는 계속해서 형식상의 실험이 특별히 페미니즘적이라고 기술할 수 있다는 주장을 일축하고 프랑스 페미니즘이 언어 전략의 정치적인 효과를 과대평가한다고 주장한다. 또한, 펠스키는 실험적인 작품에 대한 집중은 "지적인 엘리트의 읽기와 쓰기 실험에 반대하는 문화를 제한한다"(1989:6)고 주장한다. 자신은 서로 다른 인종과 계층, 서로 다른 역사적 시기에 속한 세계 각지의 여성들의 경험과 역사, 일대기를 반영하는 글쓰기를 지지한다고 주장한다. 이러한 글쓰기는 사회 운동과 마찬가지로, 페미니즘을 반영하고 촉진시키며, 페미니즘을 좀 더 대중적인 영역으로 이동시키기 때문에 실험적인 작품만큼이나 중요하다는 것이다.

펠스키가 프랑스 페미니스트의 경험과 사회비판적 표현 간에 설정하는 대립은 분명 실험적 작품의 번역으로 전이될 수 있다. 번역의 경우, 실험적인 텍스트가 번역될 때 다른 언어만으로 이동하는 것이 아니라 다른 문화로도 이동하게 되고, 이로써 텍스트가 좀 더 이국적이고 엘리트주의적으로 보일 수 있다는 점 때문에 문제가 복잡해진다. 캐나다의 로빈 길람(Robyn Gillam, 1995)의 최근 연구는 니콜 브로사르 작품의 영역본에 대하여 엘리트주의, 문화적 부적절성, 심지어 무의미성의 혐의를 처음으로 밝혀낸다. 즉, 이러한 번역본들은 대체로 브로사르의 지적 성취에 대한 무언의 경외심을 갖고 읽혀 왔고, 이러한 도전적인 문학 작품을 무비판적으로 찬양하는 분위기 속에서 번역자는 고도의 언어 조작 기교를 발휘했다는 것이다.

길람은 특정 번역본들이 이미 난해한 원천 텍스트를 훨씬 더 모호하게 만든다는 점을 주요 논점으로 지적한다. 의미보다는 소리 결합을 우선시함으로써 이미 복잡한 언어유희를 영어에서 더욱 심화시키는 번역본을 만들어냈다. 더욱이 이러한 소리 효과를 영어에서도 유발하기 위해 역자는 고의로 오역을 한다. 길람은 이러한 번역본들이 불어와 영어에 모두 능통해서 원작자와 번역자의 언어적 업적에 감탄할 수 있는 소수의 학문집단에나 통용될 수 있다고 주장한다.

　　이러한 혐의들은 문화적 차이라는 중요한 문제에 근거한다. 영어를 사용하는 캐나다인과 프랑스어를 사용하는 캐나다인은 그들 각자의 언어에 대한 정치적 관계가 본질적으로 다르다. 퀘벡 사람들에게 있어 언어는 과거에도 그랬지만 지금도 일상생활에서 정치적인 문제인 반면, 영어를 사용하는 대다수의 캐나다인들에게는 그렇지 않다. 그러므로 브로사르의 해체적인 언어 전략은 퀘벡 이외의 지역에 비해 퀘벡에서는 어떤 다른 의미를 지니게 된다. 퀘벡 사람들은 상이한 언어적 역사에서 유래하여 이에 대응해 왔기 때문에, 그들이 갖고 있는 언어에 대한 정치적 가치는 남다르다. 브로사르가 프랑스어의 젠더적 측면에 대하여 실험하며 퀘벡의 언어에 대한 관심을 정치적인 단계로 한 걸음 더 나아갈 때, 그녀는 영어를 사용하는 대부분의 캐나다인이 갖고 있는 한계치를 훨씬 뛰어넘고 만다. 마지막으로, 이렇게 언어에 초점을 두는 것은 영어권 캐나다인 문화에서 정치적 행동주의의 형식과는 공통점이 거의 없기 때문에, 페미니스트들은 "자신들의 문화로 [브로사르의] 글을 번역할지, 그녀의 사상을 번역할지 난처해 하고" (길람, 1995:12) 있다. 그렇기 때문에 고다드의 번역본이 단어의 의미보다는 소리에 집중하고 있고, 프랑스 페미니즘의 번역본과 퀘벡인의 글쓰기(écriture québécoise)가 "단어와 그 의미 외에는 아무것도 없는 지적유희로 축소되었다"(*ibid.*:11)고 길람은 주장한다. 그러한 번역에 대한 유사한 비판이 1985년 에블린 볼뎅(Evelyne Voldeng)에 의해 제기되었다. 그녀는 브로사르의 *L'Amér, ou le chapitre effrité* 번역본 서평에서 번역본이 "원천 텍스트를 언급할 때 이중 언어 사용자만 이해할 수 있는 난해한 모호함을 유발한다"(1985:139)며 번역본을 공격한다. 번역본은 브로사르의 원작보다 더 난해하고 혼란스러운데, 이미 두 언어에 능통한 독자들을 대상으로 했음이 분명하다. 그럼 혹자는 번역은 왜 하는지 질문할 수도 있을 것이다.

　이러한 '엘리트주의적' 번역 유형은 독자들이 학문적 배경을 갖춘 이중 언어 구사자로서 텍스트 내 이중 언어와 이중 문화에 대해 이해하고 있을 뿐 아니라 언어적 변화를 정치적 촉매제로 인식하는 이를 독자로 상정한다. 다행히도, 이러한 방식은 여러 페미니스트 접근법 중 하나에 불과하며, 총체적으로는 다른 접근법과 서로 균형을 이룰 것이다.

─기회주의적 페미니스트의 편승

　'기회주의', '위선', '이론적 모순'이라는 용어들은 브라질 출신 비평가 로즈마리 아로호(Rosemary Arrojo, 1994, 1995)가 페미니즘 행동주의와 번역에 대한 간섭주의를 두고 한 말이다. 아로호가 말한 가혹한 단어들은 번역가들의 역자 서문과 학계가 출간한 논문에 대한 것이다. 아로호는 실제 번역본에 대해 논의하지는 않는다. 대신, 그녀는 페미니스트들이 "구성하려고 용맹스럽게 투쟁하고 있는" 맥락과 "지배적인 남근 중심적 세계 내에서 그들이 마땅히 누려야 할 공간"(1994:159), 영미권 여성운동의 정치적 행동주의와 행위성과는 뚜렷한 거리를 나타내는 문구들에 대해 언급한다. 따라서 아로호가 '페미니즘 내부로부터' 연구하는지 여부를 단정 짓기는 어렵다. 하지만 브라질과 영미권 페미니즘 간의 문화적 차이에 관한 이슈들은 비록 구체적으로 언급되지는 않지만 아로호의 비평의 바탕임이 틀림없다.

아로호의 주장은 세 가지 주요 논점에 기반을 두고 있다. 수잔 레빈(Suzanne Levine)과 마찬가지로, 텍스트의 테너(tenor)에 충실하되 페미니즘적인 근거로 번역에 고의로 개입하는 것을 허용하는 것은 기회주의적이라는 말이다. 아로호의 관점에서는, 레빈뿐만 아니라 레빈의 실천을 지지하는 로리 체임벌린은 페미니스트 이론과 그 활용방식이 창출해낸 맥락을 단순히 이용하고 있다. 자신들의 정치성을 더 중요시하고자 하는 것이다. 그녀는 누군가 고의적으로 '전복시키는' 텍스트에 대하여 '충실성'을 주장하는 것은 모순이라고 지적한다.

이러한 복잡한 문제는 앞서 논의한 브로사르의 번역과 관련한 문제를 상기시킨다. 레빈이나 고다드 같은 번역가들은 해체적이고 실험적인 방식으로 번역하며 원천 텍스트에 대해 해석의 여지를 남겨놓는다. 이 같은 원천 텍스트들은 의미를 '폭발시키고', 의미들을 배가시키며 '처방적이고' 쉽게 읽히는 문학 형식을 조금도 제공하지 않는다. 또 번역자가 똑같이 다양한 해석을 하게 만드는데, 고다드는 특정 단어들에 이중, 삼중의 의미를 부여하여 이것을 존중하고 레빈은 상당히 나르시스적인 마치스모를 약화시키는 데 이것을 활용한다. 이렇듯 번역자들은 그 자체로 '전복적인' 개체이자 번역자에게 창의성을 허용하는 텍스트와 긴밀한 관계를 맺으며 상호작용하는 자신을 발견하게 된다.

아로호의 두 번째 비판은 페미니스트의 '이중 잣대'를 향하는데, 조지 스타이너가 생산한 이론들이나 존 플로리오의 주장은 폭력적이고 공격적이라면서, 페미니스트가 텍스트에 개입하는 것은 그에 못지 않게 공격적이라고 보기를 거부한다. 그녀는 '하이재킹'(hijacking)이라는 용어를 인용하는데, 이는 비평가 데이비드 호멜(David Homel)이 리즈 고뱅의 『타자의 편지』(*Lettres d'une autre*)를 개입주의적으로 번역한 로트비니에르-하우드의 번역본에 대하여 부정적으로 사용한 용어다. 이 용어는 페미니즘적인 의미를 구성하기 위해 텍스트를 전용하면서 작품에 대하여 '수정적 조치'를 취하는 페미니스트 번역가들의 번역 과정을 기술하기 위해 비평가들(플로토우, 1991)이나 고다드 같은 번역가들이 사용하면서 회복된 단어다. 이 용어는 캐나다 문학 정치의 특정 순간에는 그 영향력이 상실되었기에 의미의 통제를 위한 투쟁을 생생하게 표현하고 인정하고 있다. 이러한 맥락에서의 아이러니한 회복에 대해서는 아로호가 놓치고 있다.

아로호의 세 번째 논점은 번역에 대한 페미니즘적 담화의 '이론적인 모순'이다. 아로호에 따르면, 이것은 '전복적인 충실성'에 관한 주장에 위치할 뿐 아니라, 페미니스트 비평가와 번역가가 자신의 사상의 근거로 삼는 후기구조주의와 해체주의자의 연구에 대한 일반적인 언급에서도 분명히 나타난다. 아로호는 데리다의 말을 따라 "어떠한 의미도 '재생산되거나' '회복되는' 것이 아니라 의미가 항상 이미 창조, 즉 새롭게 재창조된다"(1994:158)면서, 페미니스트 작가/번역가들이 "의미를 새롭게 재창조" 한다는 주장에는 이론적인 모순이 있다고 주장한다. 이러한 정통 데리다식 관점은 여성들이 텍스트에 독립적으로 행동할 수 있다는 낙관적인 가정을 일축한다. 아로호에게 있어, 번역에 대한 페미니즘적 작업을 정의해왔던 강력하고 개입주의적이고 창의적인 접근방식들은 신기루에 불과하며, 행위성이 존재할 수가 없는 것이다.

이렇듯 아로호는 페미니스트 이론이 최근의 해체론적 이론의 일부가 아님을 암시한다. 어떤 이들은 그들의 작품이 보편적 진리와 객관성뿐만 아니라 정치적, 문화적 구조와 신화에 관한 오랜 관점을 얼마나 해체하였는지 입증해 보이며 그 반대를 주장할 것이다. 게다가, 아로호는 의미가 항상 재구성되기 때문에 의미를 의도적으로 재창조할 수 있다는 생각은 자기기만에 지나지 않는다는 결정론적인 입장을 지지한다. 이러한 입장은 언어가 사회 변화의 수단이라는 견해와는 배치된다. 또한 페미니스트들이 그들의 특정 프로젝트에 적용하는 데 유용하다고 판단되는 이론들을 지속적으로 선택해 왔다는 점을 일축하기도 한다. 이렇게 이론을 전술적으로 적용하는 것은 누군가에게는 모순이, 또 다른 이들에게는 전략이 될 수 있는 것이다.

―소수자에게 민주적으로 대하기

페미니스트 작품 번역의 특정 유형에 대해 가장 신랄한 비판을 하는 이는 아마도 가야트리 스피박일 것이다. 벵골 출신의 스피박은 문학 이론가이면서 제3세계 작품을 서구어(영어와 불어)로 번역한 번역본에 대한 평론집을 출간한 실무 번역가이기도 하다. 스피박은 여성들의 글을 번역한 번역본에 초점을 두었지만, 자신의 연구가 제3세계 언어에서 서구어로 번역된 텍스트 대부분에 널리 적용될 수 있다고 주장한다. 「번역의 정치」라는 논문에서 스피박은 "팔레스타인 여성이 쓴 문학이 대만 남성이 쓴 작품과 같은 느낌을 주는" 부주의하고 균질화된 작업을 가능케 하는 이데올로기와 제3세계 문학에 사용되는 '최신 번역투'(with-it translatese)에 대하여 대대적인 비판을 제기한다. 이 논문은 "영어 번역에 있어 제3세계 (여성) 문학 작품에 대한 극심한 갈망"(1988:253)이 있었다고 스피박이 주장하는 초기 작품에 대하여 이의를 제기하고 확장해 나간다. 이는 자애로운 자유주의 페미니스트들의 관심뿐만 아니라 서구 페미니즘 내부의 인종적 편견을 바로잡고자 하는 막연한 열망에서 비롯된 것이다. 하지만 그녀는 이러한 자애로운 관심이 대다수 제3세계 여성들이 살고 있는 상황에 대한 이해를 전파하기보다는 영미인들의 목적과 경력에 더 도움이 될 수 있다는 점을 시사하고 있다. "제1세계 문학들이 차츰 언어 게임으로 변화하는"(1988:267) 반면, 영미권 페미니스트들은 제3세계 문학을 다큐멘터리나 현실적인 삶의 묘사로 읽고 싶어 하는 것으로 보이면서 상황은 더욱 악화되었다. 제3세계 여성들의 문화와 문학을 이해하고 전파하려는 자애로운 의지와 제3세계 문학을 리얼리즘으로 보는 순수한 견해라는 두 접근방식은 번역본에 심대한 영향을 주고 그들이 대변한다고 주장하는 작품과 문화에 대해 오도된 재현을 하고 만다.

스피박은 "번역이라는 돈벌이에 작용하는 낡은 식민주의적 태도"(1992:187)에 대해서도 비판한다. 번역은 출판사의 편의, 교실의 편의(접근성/가독성), 그리고 "학습할 시간이 없는 사람들을 위한 시간적 편의"(1992:185)에 따라 수행된다. 그녀는 이 중에서도 번역가들이 관심사의 유행에 부응하기 위해 제3세계 언어에 매진하지만 언어의 역사, 원작자의 역사나 그녀가 '번역에서의/으로서의 언어'라고 부르는 것에 대해서는 거의 모른다고 지적한다. 스피박은 문학적 글쓰기가 결코 정보만을 주지는 않는다고 주장하면서 언어의 수사성에 대해 강조한다. 이는 서구적 표현 형식과 관련될 뿐 아니라 자신의 문화적, 문학적 맥락 내에서 그와 관련하여 상당한 의미를 전달하는 원천 텍스트 특유의 문체를 말한다. 저자와 문화적 맥락과 시간에 특정한 텍스트가 되게 하는 것이지만, 그것이 비롯된 전통에 대해서는 개별적인 저항을 드러내기도 한다. 편의적이거나 자애로운 번역본들이 만들어지는 경우나, 번역자가 "원작의 수사성에 관여할 수 없거나 충분히 신경 쓰지 않는"(1992:179) 경우, "비서구적 장면을 신식민주의적으로 구성하게 된다"(*ibid.*:179). 즉, 다음과 같은 상황이 발생한다. 생산된 번역본에서 제3세계 자료가 쉽게 읽히고, 원천 텍스트는 저항적인 작품인지 순응적인 작품인지 구별할 수 없거나 구별하지 않는 상대적으로 정보가 부족한 학계에 의해 선정되고 여성 작가가 하는 행동은 무엇이든 괜찮다는 잘못된 가정하에 난항을 겪는 경우가 많아진다. 이로써 '민주적인' 서구의 양심을 달래 줄 수는 있겠지만, 사실은 서구의 법적 효력이 적용되는 상황이 만들어진다. 실제로는 이러한 번역본들이 서구의 구미에 부합하는 제3세계와 제3세계 문학을 구성하게 된다. 이것들은 '소수자들에게 민주적으로 대하는' 손쉬운 방안을 제공한다.

    스피박은 자신이나 다른 이들의 번역본뿐만 아니라 인도의 종교적 신화와 노래에 대한 서구적 해석에서 대조적인 예문들을 들어가며 이러한 비판을 뒷받침한다. 그녀는 번역가가 제3세계의 원천 언어와 그들의 문화적 역사에 친숙해져서 그들의 글이 지닌 수사성을 식별하고 존중하기 위해서는 각고의 노력과 연구가 필요하다고 설명한다. 이러한 각오는 유럽 언어를 다루는 번역가에게 더욱 필요한 것인데, 이 언어들은 서구의 강력한 학문적 관심을 대부분 얻었으며 그들의 역사와 문학 전통에 대한 심층적인 지식을 얻을 수 있기 때문이다. 하지만 스피박은 자신처럼 제3세계 배경을 갖고서 서구의 교육을 받은 이가 반드시 훌륭한 일을 한다고 가정하는 것에 대해 경고하기도 한다. 그러한 이들로 하여금 제3세계 문학 생산을 이국적이게 하거나 경시하게 만드는 식민주의의 영향은 그녀가 원하는 번역의 유형을 배제할 수도 있다. 마지막으로 스피박은 '자애로운' 접근법의 기반이 되는 여성들의 연대에 관한 안일한 가정에 대해 비판한다. 그러한 연대는 여성들이 현실을 다른 방식으로 경험하게 만드는 언어 간의 차이만으로는 불가능하다. 여성에게 공통적인 무언가가 있다는 생각은 유용한 경우가 많고 여성들 간의 접촉을 더 용이하게 만들 수도 있겠지만, 그것은 페미니즘이나 다른 후기 구조주의자들의 이론에 의해 오판이라고 밝혀진 '보편성'에 관한 사상과 유사한 것이다.

    여성들의 연대에 관한 단순한 개념은 스피박이 이러한 논문들을 쓰기 훨씬 이전에, 예를 들어 유색인 여성들은 백인 중산층 페미니즘에 대항하여 자신들의 의견을 피력하기 시작했을 때 오류라고 판명됐다. 하지만 스피박이 이러한 개념을 번역에, 특히 일부 여성들의 텍스트가 해당되는 '최신 번역투'에 적용하는 것은 적절하다. 이로써 특권층에 있는 서구 페미니스트들이 제3세계 사회에서 억압받는다고 여겨지는 여성들에게 진정으로 '발언권을 주거나' 이들을 대변한다고 주장할 수 있다는 가정을 손상시킨다.

여성들의 문화적·정치적 다양성 드러내기

페미니스트 집단 내부에서 나오는 번역에서의 젠더 의식에 관한 대부분의 비판은 여성들 간의 문화적 차이에 주목한다. 페미니스트 사상가들은 이러한 차이를 오래 전에 인식해 왔으며, 모든 여성들에게 '필수적'인 경험이나 방법을 기술하려는 이는 거의 없다. 하지만 젠더라는 요인, '여성이 되기 위한 학습'의 효과는 모든 사회에서, 그리고 어느 한 사회의 하위집단에서 그 의미상의 차이는 있더라도 모든 사회가 공감하는 바다. 정치적 소속, 인종적 배경, 종교 신념, 인종 및 경제적 차이에 따라 수반되는 차이들은 오로지 젠더에만 기반을 둔 여성간의 이해나 연대 가능성을 상대적으로 낮출 만큼 충분히 중요하다. 이러한 '진실'은 번역에 의해 반복적으로 입증되어 왔다. 하지만 한편으로는 번역이 여성들로 하여금 자신들의 특정한 상황을 바라보고 대처하는 새로운 방법을 찾도록 길을 열어주기도 했다. 또한 번역은 젠더 의식 있는 여성들이 서로 소통하고 적어도 다른 여성들의 문화의 무언가를 이해하려고 노력하게 해주었다. 서구 여성들 사이의 번역적이고 통문화적인 관계에 있어서의 진보는 다음의 사례들에서 가시적이다.

1970년대 북미에서는, 번역이 가장 협력적인 파트너들 사이에서조차 페미니스트들의 상호작용을 저해할 수 있는 문화적 차이에 대한 인식을 불러일으켰다. 엘렌 식수 같은 프랑스 페미니스트의 글이 처음 번역되기 시작하자, 영어권 독자들은 글에 내재된 이국성에 불편함을 느꼈고 이는 상당한 저항으로 이어졌다. 제3세계 여성들의 작품보다는 **이러한** 텍스트가 지닌 '수사성'에 확실히 더 많은 관심이 집중되었는데, 이는 영어권 평론가들이 쉽게 읽히는 경험에 대해서는 글을 쓰지 않았기 때문이다. 오히려 그들은 이러한 '유달리 화려한' 담화(길버트Gilbert, 1981:7)에 불편함과 소외감을 느꼈다. 동일한 역사적 순간에서 글쓰기와 읽기에 대한 미국과 프랑스 여성 학계의 해석상의 차이는 엄밀히 말해 번역으로 인해 가시화되었다. 비판적 연구나 해석적 연구는 이러한 간극을 첨예하게 드러내지 않았고, 실제로 그러한 메타텍스트들은 번역본을 중재하도록 요구받았다. 이에 여성들은 서로 관련 있다고 여겨지는 서구 사회 사이에서도 상당한 문화적·정치적 차이가 있음을 인식하게 되었고 연대와 이해를 다룬 이론들을 수정하기 시작하였다. 즉, 페미니스트 이론들이 한편으로는 억압이라는 공통 경험으로 모든 여성을 결속시키는 통합 원칙으로 **젠더**를 상정해왔지만, 번역이라는 경험은 여성들을 서로 분리시키는 문화와 정치가 지닌 상당한 다양성을 드러냈다. 이는 번역으로 인해 다뤄진 여러 분야에서 확인할 수 있다. 예를 들어 미국 여성의 글을 독일어로 번역한 어떤 번역본에서는 미국인의 '문화 결여'(플로토우, 1997)에 대한 무의식적인 선입견이 침투하는 것을 발견하게 된다. 영어권/퀘벡권 캐나다의 상황에서는 언어 정치상의 차이라는 이슈들이 주요 요인으로 제기된다(길람, 1995; 스콧, 1989). 다민족 사회의 경우, 2, 3세대 이민자들이 느끼는 민족 간의 차이가 번역본에 영향을 준다(플로토우, 1995). 그리고 *Women Writing in India*의 편집자들이 입증한 바와 같이, 그러한 다민족 사회 여성들의 글을 번역한 번역본은 한 집단이 다른 집단에 대해 갖는 권위나 지배력이라는 또 다른 문제들을 제기한다(타루와 랄리타, 1991/1993).

하지만 다른 한편으로 북미든 유럽이든, 세3세계에서 온 텍스트들의 방대한 선집이든, 젠더에 관한 여성들의 글과 서적들을 번역한 엄청난 양의 번역은 문화적 혹은 학술적 삶에서 젠더의 중요성을 확실히 보여준다. 이러한 번역의 유행은 새로운 사고방식과 작용방식을 가능하게 해주기도 한다. 번역은 다른 여성의 삶뿐만 아니라 그들의 특정 맥락에서 권력구조에 영향을 주려고 채택하는 언어적 과정들을 접할 수 있게 해준다. 그러므로 번역에서 드러난 여성들의 차이는 "중요한 힘으로서"(로드Lorde, 1991:100) 수행된다.

번역을 통한 그와 같은 젠더화된 영향은 유럽 출판계에서는 좀처럼 논의되지 않았다. 한 가지 예외로 독일 번역가 협회의 독일어 학술지 『번역가』(*Der Übersetzer*)에 최근 수록된 '워크숍 보고서'를 들 수 있다. 현대 영국소설 번역가인 카렌 뇔레-피셔(Karen Nölle-Fischer, 1995)는 "여성 작품의 문체가 젠더관계에 변화를 일으킬 수 있는가?"(Können weibliche Schreibweisen Bewegung in die Geschlechterbeziehungen bringen?)라는 질문을 던진다. 뇔레-피셔는 독일어로 번역된 영국 여성 소설이 독일 독자들에게 미칠 수 있는 영향에 대해 의문을 갖는다. 그녀는 번역가로 활동하면서 얻은 경험으로부터 이 질문에 답하는데, 글쓰기와 독서, 경험 사이에 연결고리를 이끌어내기 위한 목적으로 그렇게 한다.

번역은 그녀에게 원작자가 사용하는 단어나 형용사, 불변화사에서 성별이 바로 드러날 필요가 없는 언어가 대단히 유리함을 보여주었다. 닐레-피셔의 지적에 따르면, 영어에서는 그 대상이 이성이든 동성이든 friend나 lover 같은 단어를 사용해 온전한 연애시 한 편을 쓰는 게 가능하다. 또 화자의 성별을 드러내는 것을 지연시키기가 쉬워, 이러한 신비스러운 인물이 말하자면 여성이라고 밝혀질 때 젠더가 갖는 효과가 고조된다. 즉, 하나의 특정한 해석을 강요하지 않고 독자들의 바람이나 상상에 맡겨둔 채 모호함을 유지하는 것이 가능하다. 이러한 모호함을 독일어나 다른 젠더유표적 언어에서 유지하는 것은 대단히 어렵기 때문에 '생각조차 할 수 없는 것'이 된다. 우리가 사고하는 언어가 우리가 사고할 수 있는 것에 상당한 영향을 준다는 것에 동의한다면 말이다. 그러므로 닐레-피셔는 독일어에서 성적관계에 관한 관습을 저해하거나 다른 대안을 생각해내기가 더욱 어렵다는 점을 나타낸다. 하지만 번역은 이러한 다른 사고방식을 드러내고 그것을 가능성이라고 시사한다.

닐레-피셔는 도리스 레싱(Doris Lessing), 애니 딜라드(Annie Dillard), 앨리스 먼로(Alice Munro)의 작품들에서 언어적으로 혁신적인 젠더관계의 표현들을 탐색한다. 이들 작품은 1970년대에 페미니즘적 창의성의 전기를 맞은 뒤 침체기를 겪은 현대 독일 여성 소설과는 상당히 다른 양상을 보이다. 그녀에게 있어, 번역은 독자에게 새로운 비전을 제시하고 적어도 독자들에게 자신의 언어와 정치적, 문화적 구조에 의해 전파된 관습적인 지식을 뛰어넘어 스스로의 지평을 확장하도록 고무하는 자극제를 제공한다. 번역은 새로운 언어와, 그리고 이 언어를 가능케 하는 다른 존재방식이라는 기회를 제공해준다. 하지만 이 때문에 독자로서는 약간의 수고가 필요하기도 하다(1995:8).

> Die Aufforderung an die Leserin lautet, die sie in Anspruch nehmeden Fragen weiterzuwälzen, eine Irritation in das reibungslose Ineinander des immer wieder gleichen Denkens hereinzulassen, die sich in Gedankenfolgen verhakt und für neue Wendungen und Fügungen sorgt.

> (여성) 독자가 당면한 어려움은 흥미를 끄는 질문을 더욱 발전시키고 끊임없이 똑같은 사고를 매끄럽게 지속시키는 것을 가로막는 것이다. 그럼으로써 사고 순서가 뒤엉켜 새로운 표현과 구성이 전개될 것이다. (필자 번역)

독일 독자들에게 1995년의 이러한 난제가 언어적으로 실험적인 여성들의 글에 대해 1981년 미국 학계가 가졌던 불안한 반응에서 진보했음을 의미하는지는 논란의 여지가 있다. 하지만 이러한 두 상황들은 여성과 그들의 문화적 배경 간의 차이가 번역에서 얼마나 교차하는지 보여준다. 앞서 논의된 엘리트주의, 정치적 기회주의, 위선, 식민주의자들의 '번역투'에 대한 비판은 이러한 차이에서 출발한다.

그것들은 번역으로 인해 제기된 문제들을 좀 더 복잡한 것으로 해석하고, 젠더 문제의 다양성을 보여주며, 무의식적으로는 생존 전략의 일환으로 기능할 수 있을 것이다. 논쟁이나 토론이 없다면 그곳에는 침묵만이 남게 될 것이다.

향후 연구 전망

 문화연구의 최신 연구는 식민주의(맥클린톡McClintock, 1995), 오리엔탈리즘(루이스Lewis, 1996)에 대한 논의에서 젠더 문제를 소개하고, 지속적으로 변화하는 정치적 소속이라는 관점에서 이러한 젠더 문제를 고찰한다(펑크와 뮬러Funk and Muller, 1993). 이렇듯 젠더는 인문학 분야에서 확고한 연구 토대를 유지하고 있다. 또한 게이·레즈비언 연구와 젠더가 지닌 기본적인 이원성에 의문을 제기하는 이론적 연구가 발전함에 따라 새로운 사고방식이 열리기도 하였다. 이와 동시에, 젠더에 관한 연구 결과를 보편 적용할 수 있다는 어떠한 주장도 효과적으로 약화시키는 문화적 차이에 대한 현대의 연구들은 보다 생산적이고 창의적인 연구로 이어질 수 있다.

젠더와 번역 연구에 관한 전망들은 이러한 발전과 그로 인한 무한한 가능성과 연관되어 있다. 그럼에도 불구하고 학술적인 작업은 자금 조달, 해당 주제에 대한 문화적 수용능력, 학술 연구 구성 내용에 대한 합의 등과 같은 제약에 영향을 받기도 한다. 따라서 연구 관점들은 지배적인 문화적 가정, 학문적 우선순위 혹은 특정 시기에 특정 장소에서 학문적으로 중요한 것이 무엇인지 결정하는 권력 구조의 제약을 받을 수 있다. 하지만 상대적으로 개방적인 학문적 배경을 고려할 때, 젠더와 번역 분야에는 다양한 연구 관점들이 있는데, 이것은 이 분야에 대한 연구가 미비하기 때문이다. 다음은 그러한 연구 관점들과 학술적 과제를 유도하는 데 도움이 될 수 있는 일련의 연구 문제들을 간략히 나열한 것이다.

광범위한 역사적 전망

번역학에서는 기존의 번역본을 연구하는 것보다 처방론적 이론 모델을 만들어 내는 것이 좀 더 관례적이었다. 번역본, 특히 장문의 산문 소설 번역본에 관한 연구에는 원천 텍스트와 목표 텍스트를 병치·비교하여, 관련 문화들의 관계 변화라는 맥락에서 나타나는 연구 결과들을 세밀하게 분석하는 과정이 필요하다. 리아 반 데 아우에라 (Ria Van der Auwera, 1985:5-15)의 말처럼, 그러한 연구는 기피 대상이 되어 왔는데, 이것은 장문의 복잡한 텍스트를 세밀하게 살펴야 할 뿐만 아니라 양 문화와 역사적 맥락에 대한 심도 있는 지식을 갖추고 있어야 하기 때문이고 뿐만 아니라 번역본에 대한 연구가 '민족 문학' 연구나 좀 더 추상적인 이론의 생산처럼 권위를 갖는다고 여겨 지지 못하기 때문이기도 하다. 하지만 마가렛 한네이, 티나 크론티리스(Tina Krontiris), 요피 프린스, 제인 베첼러와 같은 연구자들의 연구는 번역가로서 번역된 여성 작품을 연구하는 것이 새롭고 중요한 관점을 줄 수 있음을 보여준다. 이런 유형의 비교학자의 연구가 출간된 적이 지금까지 거의 없기 때문에, 앞으로 많은 과제가 남아 있다.

젠더와 번역에 관한 역사적인 전망들에 대해서는 다음과 같은 질문들을 고려해볼 수 있겠다.

· 여성들은 번역가로서 어떠한 역할을 수행하였나? 현대 비평가들은 젠더를 개인의 삶과 작품에 있어 중요한 사실로 상정하려는 경향을 보인다. 과거에는 젠더가 번역가들의 작품에 어떠한 영향을 주었는가? 그들은 자신들이 살았던 사회의 지배적인 규범과 정설에 저항하거나 이를 저해하려 하였는가? 그렇다면 어떻게 이를 행하였는가? 그들의 작품은 지배적인 문화 체계가 전파하는 문화적 '진리'와 가정들에 관하여 어떠한 비정전적 관점을 제공하고 있는가? 그들의 작품은 어떻게, 그리고 왜 시간이 흘러도 오래 살아남게 되었고, 또 그 영향은 무엇이었나?

예를 들어, 프로이트를 번역한 마리 보나파르트(Marie Bonaparte)의 불역본에서 젠더 효과를 생각해볼 수 있고, 또 그 번역본이 프랑스에서 프로이트의 초기 수용에 미친 영향에 대해 알아볼 수도 있다. 로우-포터(Lowe-Porter)의 토마스 만 번역본에 대한 유사한 연구는 분명 흥미로운 결과를 도출할 것이다. 화제를 바꾸어, 마리나 쯔베따예바(Marina Tsvetaeva), 마르그리트 유르스나르(Marguerite Yourcenar), 모니크 위티그(Monique Wittig) 같은 다수의 20세기 여성 작가들이 번역한 번역본에서는 창작과 번역이라는 두 가지 창의적 추구 사이의 관련성에 대하여 살펴볼 수 있다. 20세기 작품이 접근하기에 가장 용이할지 모르지만, 그러한 분석을 특정한 역사적 순간이나 지리적·문화적 지역으로도 확장해볼 수 있다.

· 여성들은 번역에서 어떤 대우를 받아왔는가? 여성 작가들의 작품은 남성 작가들과는 다른 대우를 받았는가? 어떤 차이점이 일반적인 격언으로 상정될 수 있는가, 혹은 그것이 개별 작가들에게만 국한되어야 하나? 여성들이 번역한 문학 작품이 남성들의 유사한 작업과는 다른 역사를 갖게 되었는가? 번역된 여성들의 글이 (아마도 19세기 소설과 같이) 중요한 약진을 이룬 시기가 있었는가? 이는 어떤 문화에서 왜 발생했으며, 그 영향은 무엇이었나? 지금까지는 일화적인 정보에서 비롯되었지만, 문학상 수상 여성 작가들의 작품 번역본이 개선 과정을 거친다는 의혹을 언급하는 민감한 질문이 제기될 수 있다. 토니 모리슨 작품의 불어 및 독어 번역본의 경우 모리슨이 노벨상을 수상한 뒤로 대대적인 수정이 이루어졌다고 한다. 이것은 실제로 사실이었나? 그러면 '더 나은' 번역이란 어떤 특징을 갖고 있는가? 그러한 수정들이 작가의 작품 수용에 어떠한 영향을 미치는가?

현대의 관점들

젠더와 여성들의 글에 관한 현대의 관점들은 텍스트의 생성과 수용에 관한 페미니스트 행동주의의 효과에 관해 이슈를 제기해왔다.

· 번역가와 번역의 페미니즘적 정치화: 번역가들의 젠더 의식이 전반적으로 높아졌는가? 그리고 이것이 그들의 작업에 어떠한 영향을 주고 있나? 상이한 문화적 맥락이 번역에서의 젠더 의식을 얼마나 제한하거나 장려해왔나? 정치적인 번역가들은 문제가 있거나 불쾌하다고 여겨지는 텍스트의 일부를 어떻게 다루는가? 젠더 의식적인 번역이 번역될 텍스트의 선정과 번역된 텍스트의 수용에 어떠한 영향을 주는가? 이러한 상황은 문화별로 어떻게 다른가? 또 개별 문화들이 어떻게 다른 방식으로 관여하고 있는가? 예를 들어, 젠더 정치를 다루는 영미권 텍스트의 대량 유입이 독일의 글쓰기와 학문에 어떠한 영향을 주었는지에 대해 질문을 던질 수 있다. 이와 유사하게, 과거 동구권 국가에서 번역과 수용이 늘어나고 정치·경제적 상황의 변화에 영향을 받음에 따라 1989년 이후 젠더 의식적인 자료의 동구권으로의 이동을 추적해볼 수도 있다.

· 페미니스트 글쓰기와 번역의 기술적인 측면들: 상당수의 실험적인 페미니스트 글쓰기가 가부장적 언어의 전복이나 유토피아적 신생 문학 창출과 같은 유사한 목표를 추구하기 때문에 이러한

작품을 번역하는 데는 기술적인 문제가 많이 있다. 실험적인 담화를 번역하기 위해 채택되는 전략은 무엇인가? 신조어, 언어유희, 은유나 격언의 해체 등은 어떻게 번역되는가? 다수의 상이한 언어 쌍에 적용할 수 있는 포괄적인 전략이 존재하는가? 파라텍스트는 얼마나 유용하고, 필요하며, 혹은 불필요한 '소음'이 되는가?

· <u>수용과 시장에 관한 연구</u>: 페미니스트 텍스트의 정치성은 그러한 문화적 정치성에 적대적이거나 변화를 받아들이려 하지 않는 다른 문화에 어떻게 전달되는가? 장르에 따른 차이가 있는가? 아동문학은 성인문학과는 다른 방식으로 다뤄지는가? 번역에서의 대중적인 글쓰기는 '상위' 문학의 글쓰기와는 다르게 취급되는가? 젠더 문제는 영화나 TV 시리즈, 뉴스 보도, 정치적 인사나 다른 인물들과의 인터뷰 같은 다른 번역 미디어물에 어떠한 영향을 미치는가? 더 광범위한 연구 주제로 마케팅의 문제에 접근할 수 있다. 젠더 문제에 관한 대중과 학계의 관심이 번역 시장을 어느 정도까지 창출하였고, 또 어떤 종류의 텍스트에서 시장이 창출되었나? 번역 서구 페미니즘에서 정전의 반열에 오른 일정 수의 작가들을 고려해볼 때, 어떤 문화가 어떤 텍스트를 왜 번역하는가? 예를 들어 특정 프랑스 작가들의 작품은 북미 학자들이 쉽게 접할 수 있는 반면, 다른 작품들은 번역되지 않고 있는 현상은 왜 그러한가(펜로드Penrod, 1993)?

- **문화적 차이**: 가야트리 스피박과 로빈 길람의 연구가 보여주듯이, 모든 번역은 문화적 차이를 중재하는 문제에 직면하게 된다. 또 페미니즘이 모든 문화에서 갖는 의미가 다르기 때문에, 젠더가 전경화된 텍스트에서 이러한 문제는 더욱 심각해진다. 세계 곳곳에서 모인 여성들이 문화, 인종, 종교적 차이 때문에 민감해진 이슈에 대해 의견을 합치시키려고 고군분투하는 국제 여성 회의를 계기로, 번역이 확실히 이해를 도모하기도, 저해하기도 하는 중요한 요인이 되었다. 번역본에 관한 연구는 여성들을 텍스트 표면 아래에 위치시키고, 여성 간의 문화적 차이를 양산하는 사회·정치적 맥락을 분석하고 이해하며 그러한 차이를 해소하는 데 도움이 될 수 있다.

공공 언어 정책

공공 언어 기획은 여러 국가에서 하나의 요인으로 작용한다. 자문 조직을 통해서든 철저한 규제를 통해서든, 다수의 국가들은 페미니스트 압력단체의 로비활동을 고려해왔고 젠더와 언어에 관한 정책들을 수립하였다. 모든 공공 언어 정책 역시 번역에 영향을 주기 때문에, 다음과 같은 질문들은 새로운 연구 영역으로 이어질 수 있을 것이다.

- 정부의 언어 정책과 언어 기획 프로그램은 젠더문제를 얼마나 고려하고 있는가? 이는 이중 또는 다중 언어 국가에서의 번역에

어떠한 영향을 주고 있는가?

· 특히 이중 또는 다중 언어 사회에서 정부 조사 자료와 여론조사, 인구통계 자료는 젠더 의식을 얼마나 반영하고 있나? 그러한 문서들이 지배적인 언어로 작성되고 번역되는가? 그렇다면 젠더 문제는 어떻게 다루어지고 있나? 이 같은 맥락에서, 벤처기업들이 점차 국제적, 다국적 기업이 되고 여성과 남성을 동등하게 대할 필요가 생기면서 민간 부문의 언어 정책에 관한 추가적인 질문이 제기될 수 있을 것이다. 의학, 기술, 여행, 대중과학 분야의 번역된 지침서는 젠더 편견을 어떻게 반영 또는 비반영하고 있는가? 젠더 의식이 실용 텍스트의 번역에 얼마나 개입하고 있는가?

통역

통역사들은 특히 여성 통역사가 군사, 외교, 대형 금융 등 남성들이 장악하고 있는 담화 분야에서 통역할 경우 젠더가 자신들의 업무에 영향을 준다고 인식하는 경우가 많다. 이 분야를 탐색한 연구자는 아직 거의 없다. 젠더와 통역에 관한 질문들이 제기될 때, 다음과 같은 유형의 문제를 둘러싼 일화 형식을 취하는 경우가 많다.

· 남성과 여성의 목소리는 청각적인 권위에서 차이가 있는가? 이러한 권위는 얼마나 그리고 어떤 조건에서 통역사의 신뢰성에 영향을 주는가?

· 젠더의 차이는 부호를 전환하는 능력에 영향을 주는가? 여성의 '구어체 문화' — 여성들의 선천적인 이중 언어주의 — 는 통역 능력을 습득하고 연마하는 데 도움이 되는가?

· 통역이 국제회의의 영역을 벗어나 커뮤니티 통역이나 난민 청문회, 사법 공판, 병원 같은 영역에서 이루어질 때, 젠더 문제는 어느 정도까지 개입되는가?

· 젠더, 환경, 의료 연구나 정치적 망명과 같은 정치적인 문제를 다루어야 할 때 어떤 종류의 정치적 저항을 하거나 할 수 있는가? 젠더 정치가 여성 통역가로 하여금 좀 더 정치적인 언어전이 전문가로서 자신을 인식하도록 만들며 자신의 역할에 대한 시각에 변화를 주었나?

근대적인 의사소통 및 운송 체계로 인해 언어 전이를 수반하는 상호문화적 행위가 필요하고 강조되는 전지구적인 상황에서, 번역학의 다양한 측면을 다루는 연구 관점들이 유망하다는 데에는 이견이 거의 없다. 하지만 젠더를 감안할 경우, 상황은 좀 더 복잡해진다. 보다 정치적인 상황이 되기도 한다. 학문적 측면에서, 젠더 문제는 역사적으로 간과되어 왔다가 일부 학계에 영향을 행사할 수 있었던 여성운동의 압력으로 인해 지금에서야 인정받기 시작하고 있다. 문화적 차이와 그 번역이라는 분야에서는, 젠더 정의들이 문화적 특이성을 향한 존중이나 문화고유의 측면들을 자신들의 사회정치적 관점으로 조정하는 일부 번역 문화의 경향에 관한 정치적인 질문을 제기한다. 글을 읽거나 쓰고, 혹은 언어 전이에 관여하는 모든 개개인에게 젠더가 영향을 준다는 점을 고려해보면, 젠더는 후속 연구를 위한 탄탄한 토대를 마련해준다.

나가는 말

젠더와 번역학에 관한 페미니즘적 연구의 교차는 문화연구 영역
이 학계로부터 많은 관심을 받게 된 시기에 발생하였다. 하지만 문화
연구에서의 작업은 번역의 개념을 더욱 증대되는 문화 생산의 전 지
구적 측면과 다른 세계와 다른 언어 사이에서 추방되고 쫓겨나거나
끼인 사람들의 상황을 기술하기 위한 은유적인 사용에 그치는 경향
이 있다. 셰리 사이먼이 지적하는 바와 같이, "자신의 과거를 현재로
'번역'하려고 애쓰는 이주자로서 가부장적 언어로 '스스로를 번역하
는'"(사이먼, 1996:134) 여성들을 언급하는 것은 드문 일이 아니다.
하지만 그러한 은유적 사용에 있어 번역의 물리적인 현실이 가려지
는데, 이것은 학문이 주로 영어나 영어로 번역된 텍스트로 수행되고

그러한 텍스트의 '번역 효과'가 의미의 특징으로 인식되지 않을 때 더욱 그러하다. 여성들이 '번역하기'보다 '스스로를 언어로 번역'한다고 간주될 때 일어나는 번역의 삭제현상은 번역의 영역 내에서 어떠한 이론적 담화를 떠올리게 한다. '번역가능성', '차이의 등가', '동태적 등가'에 관한 대단히 중요한 추상적 개념에 관여하고 번역을 주로 두 언어 사이에서 수행되는 언어적 작용이라고 보는 이론들은 문화적 차이, 맥락, 담화적 가능성, 특정한 역사적 순간에 가능한 선택과 같은 구체적인 이슈들을 기피한다. 하지만 번역의 문화적·역사적 특수성에 초점을 맞출 때―그 때야말로 젠더가 작용하는 순간이므로―, 의미가 번역에서 구성되고, 구성될 수 있는 방식 쪽으로 관심이 모아진다. 어떠한 텍스트적 실천에서도 **'젠더화된 의미 구성'**이라는 인식은 번역 과정에 대해 좀 더 차별화된 이해를 가능하게 해준다. 번역가, 독자, 연구자, 이론가나 문화정책(*Kulturpolitik*)에 관심 있는 이들이 인식할 필요가 있는 문화적 차이에서 젠더만이 유일한 요소는 아니고 다른 많은 요소들도 있다. 하지만 페미니스트 번역에서 '번역 효과'의 입증과 결부된 젠더의 중요성을 보여주는 것은 문화 차이의 미묘한 음영에 주목하는 것이다.

번역의 실제, 이론, 비평에서의 페미니스트 연구는 그 존재만으로 보편적으로 적용되는 이론적 모형을 수립하려는 유혹을 저해시킨다. 젠더의 속성과 한계 측면에서뿐만 아니라 그러한 차이들이 언어에서 기능하고 표현되는 방식에서, 차이를 주장하고 탐색한다. 게다가, 페미니스트 번역학은 번역의 실천적인 작업이 여성들 **사이의** 엄청난 차이를 어떻게 받아들여야 하는지 드러냄으로써, 동일성을 강조하거나 여성이나 번역에 있어 어떤 필수적인 자질을 주장하기 어렵게 만든다. 예를 들어, 18세기 노예해방론자 텍스트를 번역한 현대 번역가들이 요즘 시대의 요구에 따르도록 다양한 층위에서 이러한 텍스트들을 '완화시켜야' 했음을 시인할 때, 그들은 모든 형태의 다시쓰기-번역, 비평, 선집, 서평, 편집, 영화 개작 등-가 텍스트에 행사하는 영향력의 종류를 보여주고 있는 것이다. '의미'란 특정 시기에, 특정 목적으로, 특정 맥락 내에 활동하는 특정 개인에 의해 구성된 특징이다. 페미니즘적 번역 실천과 비평이 이를 분명히 입증하기 때문에, 우리로 하여금 "누가 왜, 어떤 환경에서, 누구를 대상으로 다시쓰기 하는가?"(르페브르, 1992:7)라는 질문을 다른, 덜 외현적인 번역 상황에서 질문하도록 한다.

페미니즘적 번역 실천과 마찬가지로, 르페브르의 질문은 다시쓰기, 특히 번역의 당파성을 지적한다. 그는 "다시쓰기는 특정 이데올로기와/혹은 시학적 흐름의 수행, 또는 그 제약하에서 이루어진다" (1992:5)라고 주장하며 이러한 입장을 강조한다. 하지만 그는 한 걸음 더 나아가 "그러한 흐름은 '다른 흐름들 중 하나에 불과'한 것으로서 자신들에게 유리하도록 그들 자신에게 주의를 끌기위한 것으로 간주하지 않는다"고 주장한다(*ibid.*). 이것은 젠더와 번역에 대한 페미니스트 연구와 관련된 또 다른 문제를 제기한다. 이러한 특정 '이데올로기적 흐름'은 그 자체에 주의를 끄는 것이 중요하다고 여긴다. 그것은 자신의 소속을 알리고 홍보하는 데 두려워하지 않는 전향자들을 끌어들이려고 하는 혁명적인 열정의 종류를 보여주며 성과를 과시한다. 전통적으로 번역과 결부된 은밀한 영향력 행사는 거의 없었다고 볼 수 있다. 대신, 페미니스트 사고의 윤리 범주 내에서 작업하는 번역가와 번역비평가들은 텍스트 생산에 있어 자신의 부분을 포기하거나 19세기 영국의 새라 오스틴(Sarah Austin)처럼 번역의 '따옴표 뒤에 숨으려' 하지 않으며, 자신들의 글에 대해 개인적인 책임을 진다. 반대로, 여성의 정체성을 지닌(woman-identified) 그러한 번역가와 비평가들(마이어와 마사르디어-케니, 1996)은 텍스트와 텍스트가 대상으로 하는 공동체에 대해서는 자신들의 책임과 입장성을 대체로 주장한다.

이러한 책임감 있는 입장은 필수적인 것인데, 이것이 한편으로는 총체적인 일반화를, 다른 한편으로는 문화적으로나 정치적으로 문제시되는 여성, 즉 페미니즘에 관한 자료가 전파되는 것을 방지하기 때문이다. 오히려, 여성들 사이에서 어려운 이데올로기적이고 문화적인 대립을 교섭하도록 해준다. 번역학에서는 이러한 입장이 텍스트, 문화, 다른 인간관계 사이의 유사한 갈등에 대해 차별화된 교섭을 가능하게 한다. 다음 세 가지 요인이 이러한 태도를 구성한다. '정체성 정치', '입장성', '역사적 차원'(앨코프Alcoff, 1994)이 그것인데, 이 모든 것은 젠더와 번역을 현대적으로 병치시킴으로써 입증되고 있고, 또한 번역에 중요하다고 생각된다.

번역과 번역비평에서 정체성 정치는 번역가의 개인적인 관심과 필요를 인정하고, 이러한 개인을 텍스트에 대한 통찰력과 견해, 작업을 결정지을 특정한 문화적·정치적 특성을 지닌 사람으로 간주하는 것을 포함한다. 이러한 특징들은 텍스트의 선정, 텍스트에 대한 반응, 의사소통 상황에서의 자신의 역할에 대한 관점 등에 영향을 줄 수 있다. 스피박의 글은 그러한 접근법의 일례가 되는데, 그녀는 일인칭 단수형을 사용해 자신의 비판적인 연구와 자신의 번역 실천이 대화에 의해, 프랑스와 벵골지역에서 겪은 다른 번역 경험에 의해, 서구 페미니즘과 인도 여성의 문제에 대한 자신의 경험에 의해, 또 인도 카스트 제도와 미국 학계에 의해 어떤 영향을 받았는지 설명한다. 이 모든 요인들은 스피박의 연구에 영향을 주어 특정 맥락에 자리 잡도록 해준다.

'입장성'은 다음과 같은 정체성을 밝힘으로써 번역가의 작업이 갖는 이러한 개인적인 측면을 더욱 상대화한다.

> 지속적으로 변화하는 맥락과, 타자를 수반하는 요소들의 망, 객관적인 환경, 문화적·정치적 제도 및 이데올로기 등을 포함하는 상황에 관련 있는 (앨코프, 1994:116)

이러한 개념은 번역가들과 비평가들로 하여금 끊임없이 변화하는 개인적, 지적 환경과 그러한 변화가 학문적 '지식'과 텍스트 생산에 미치는 영향을 인정하고 설명하도록 해준다. 번역의 경우 '페미니즘의 시대'가 이전 세대보다 더 많은 프로젝트를 가능하게 해주었음이 분명하다. 또 그것은 개별 번역가들의 페미니즘적 정체성 정치를 보완하는 (그리고 그러한 정체성이 확인되지 않은 이들을 저지할지도 모르는) 다수의 제도적 여건 창출에 도움을 주었다. 여성 출판사의 대중화와 일반 출판사들의 여성 작품에 대한 관심은 드 로트비니에르-하우드 같은 번역가들이 여성이 쓴 텍스트만 번역할 수 있도록 해주었다. 반면, '정치적 올바름'에 대한 대응이나 '반발'뿐 아니라 변화하는 경제적 여건 등은 페미니즘적 생산성에 있어 다소 악영향을 미칠 것이 분명하다. 마지막으로, '입장성'이라는 개념은 젠더와 번역에 관한 연구에서 영미계의 편견에 대해 밝혀줄 수 있기도 하다. 반대로, 영어권 공동체 외부에서는 그러한 작업을 생산하는 것이 어려울지도 모르는 이유를 이해하는 데 도움이 될 수 있다.

세 번째 측면인 역사적 차원은 젠더화된 (혹은 다른) 주관성이라는 개념을 "어느 쪽으로든 영원히 고정하지 않은 채"(앨코프, 1994: 114) 오히려 "구체적인 습관과 실천, 담론과 관련지어 이해하고 동시에 이러한 것들의 유동성을 인식하면서"(ibid.:115) 설명한다. 이러한 요인은 다수의 상이한, 심지어 반대되거나 대단히 비판적인 접근방식조차 페미니스트 영역 내에 수용하는 것을 가능하게 해준다. 이러한 차이들은 '역사적 차원'에 기인한 것으로, 다른 담론들에 대응하여 고찰되고 연구되었다. '엘리트주의' 번역에 관한 논쟁과 실험적인 글쓰기의 엘리트주의적 성격에 관한 이전의 논의들은 하나의 동일한 기획 내에서 세대간·문화간 차이가 갖는 효과를 보여주며 이러한 차원의 예가 된다. 마찬가지로 영미계 '전복' 집단으로 튜더가 여성 번역가들이 명예회복되는 것은 텍스트적 '의미'와 '의미 있음'이 끊임없이 어떻게 재평가되는지 보여주며 이러한 역사적 차원을 반영한다.

지속적인 재평가라는 사안은 저자가 이번 장에서 언급하고자 하는 마지막 문제이다. 페미니즘적 젠더 연구와 번역의 결합은 번역이 문화 교류의 '중요 지점'에 관한 단서를 얼마나 제공할 수 있는지 보여준다. 크리스티나 츠바르크의 말을 빌리자면, "번역은 점차 이를 통해 역사와 의미, 언어가 위기에 처하게 된 수단이 되었다"(1990:463). 번역본에 대한 비판적이고도 지적인 분석을 통해, 사포의 영역본에 대한 요피 프린스의 번역비평(1999) 혹은 존 던의 불역본에 대한 앙트완 베르만의 번역비평(1995)을 통해, 우리는 여러 유형의 문화적 차이를 날카롭게 인식하게 된다. 게다가, 역사적 순간에 따라 문화 간의 격차가 얼마나 나는지도 알게 된다. 번역을 차이에 대한 장대한 휴머니스트적 가교로 보는 관습적인 관점은 번역이 차이에 관한 것이라는 점을 인정하기 위해 재검토될 수 있다. 또한 번역은 차이를 강조하는 경우가 많다. '여성의 정체성을 지닌' 작품이나 페미니스트 학자와 번역가들은 이러한 현실을 충분히 입증하고 있다.

용어해설

가부장적 언어patriarchal language   전통적으로 학습되고 사용되는 언어. 대학, 출판사, 사전, 문법, 참고서적과 같이 주로 남성들이 운영하는 제도에서 확립되고 다듬어지고 규정되어, 이러한 제도의 가치를 반영하고 유지시킨다. 가부장적 언어는 이러한 제도가 지닌 전통적인 남성 편향성 때문에 여성과 여성의 행위, 관심사, 경험들을 배제하거나 폄하한다. 가부장적 언어에 대한 페미니즘적 비판에는 상투적인 사전 표제어, 전통 문법, 격언과 은유, 직함, 모든 공공 영역에서의 언어 사용에 대한 비판 등이 해당된다.

구성물construct   이 용어는 정치적·사회적 조건의 구성성을 강조하기 위해 '문화적', '젠더', '사회적'이라는 단어와 결합하여 사용된다. 젠더를 '문화적 구성물'로 보는 것은 젠더가 자연적인 조건이 아니라 인간이 이행하거나 준수하도록 가르침을 받은 조건임을 뜻한다.

권한부여empowerment   페미니스트와 다른 경계 집단의 이론과 담론에서 발전한 신조어. 비판적인 사고와 집단 연대를 통해 얻을 수 있는 자신감과 '권력감'을 말한다.

급진적 페미니즘radical feminism   여성혐오의 근본 원인을 찾으려는 페미니즘의 형태로 여성혐오의 원인이 섹슈얼리티라는 문제에 있다고 주장한다. 성적 관계에 대한 비판적인 분석과 창조적 글쓰기에 초점을 두고 여성들의 공적인 삶보다 사적인 삶에 주목한다.

남근 중심적 질서, 또는 남근로고스 중심주의phallocentric order, phallologocentric 프로이트/라캉의 사상에서는 '남근'(Phallus)이 부여받고 행사하며, 가부장제에서는 남성들이 갖게 되는 권위를 표현하기 위해 페미니즘과 해체주의 이론에서 사용되는 신조어. '남근로고스 중심주의'는 '로고스'(라는 단어)가 갖는 추가적인 의미를 전달하며 가부장제하에서의 언어의 지배를 표현한다.

다의적polysemous/polysemic   언어란 모호한 것이고, 여러 단어에서 의미가 하나 이상일 수 있다는 점을 기술하는 용어. 다의적이라는 말은 언어, 특히 모두가 동의하는 단일하고 분명한 의미를 표현하는 '가부장적 언어'에 관한 관습적인 개념을 약화시키기 위해 페미니스트(와 다른) 작가들에 의해 창의적으로 사용되어 왔다.

마치스모machismo   과장되고 진부한 남성성으로, 종종 여성들을 희생하여 유지된다.

사회화socialization   인간이 사회에서 어떻게 행동하고 살아야 하는지 배우는 과정.

성차별주의sexism   생물학적 성에 근거한 차별로, 일반적으로 여성들에 대한 차별을 일컫는다.

여성운동women's movement   1960년대 대부분의 서구 국가에서 발전한 광범위한 풀뿌리 운동으로 다양한 페미니즘적 사상과 행동주의를 포함한다. 여기에는 페미니즘적 이상과 기획을 지지하는 모든 여성들이 포함되지만 그들이 반드시 급진적인 정치적 입장을 취하는 것은 아니다.

여성혐오misogyny   여성에 대한 비하 또는 증오.

정전canonical text   특정 공동체의 유산 일부로 간주되는 텍스트로 학교나 대학 교육과정의 필수 부분임. 페미니스트(와 다른 경계 집단)들은 정전에 대항했고 사회 소외계층의 작품을 반영하는 '경계' 문학도 연구할 것을 요구해왔다.

'정치적 올바름'에 대한 대응'political correctness' reaction   주로 보수 세력에 의한 대응으로, 포괄적 언어, 즉, 여성과 다른 '경계' 집단을 인정하고 다민족 다원화 사회에 '백인 중산층 남성'의 규범을 강요하는 것을 삼가는 언어를 생산하고 사용하기 위해 지난 30년에 걸쳐 북미에서 이루어진 시도에 반대한다.

젠더gender   이 용어는 생물학적 성에 어울리는 사회·문화적 태도를 지정하기 위해 사용된다. 그와 같은 태도와 행동들은 여아와 남아가 자라면서 습득하게 되는데 아동이 태어난 역사적 순간, 장소, 민족집단, 종교적 신념, 사회계층에 따라 상이하다. 이 용어는 원래 남성과 여성의 젠더에 초점을 두었으나, 이제는 다른 성적 성향을 통합하기 위해 경계가 모호해지고 있다.

젠더 소속gender affiliation   성인들이 자신이 원하는 성별을 선택하는 것을 의미한다.

젠더 연구gender studies   역사, 정치과학, 비즈니스, 의학 등에서의 젠더 문제에 관여하는 학문.

젠더 의식gender awareness   이 용어는 젠더에 관한 한 사람의 의식과,

젠더가 인간의 상호작용과 생산성에 기여한다는 것에 대한 인식을 가리킨다.

젠더 위계gender hierarchies 이것은 사회가 특정 젠더에 할당하는 중요성과 힘을 의미한다. 페미니스트 사상가들은 현대 사회의 가부장적 체제 대다수가 대중적 목소리가 되는 의사결정 능력과 정치적 권력을 주로 남성에게 부여한다고 주장한다.

젠더 이슈gender issues 사회 내에서 젠더와 관련된 질문, 문제점이나 논의사항.

젠더 정치gender politics 젠더 관계의 정치적 성격에 대한 인식과, 그에 따른 차별 철폐 조치와 같은 공공연하거나 은밀한 정치적 수단을 통해 이러한 관계에 영향을 미치는 시도.

판도라의 상자 Pandora's box 판도라 신화는 "번역을 좌우하는 수많은 언어들에 관한 미스터리"(스타이너, 1975:57)를 설명하는 데 사용되는 "두 가지 주요 가정" 중의 하나로 인용되어 왔다. 이 이야기에는 여러 버전이 있는데, 대부분이 그리스 창조 신화에서 최초의 여성인 판도라에 대해 언급하고 있고, 그녀가 호기심에 못 이겨 뚜껑 닫힌 용기(박스, 플라스크, 항아리 등)에서 언어적 혼돈을 비롯한 다른 많은 '악'을 밖으로 내보냈다고 전한다. 이러한 버전들에서, 여성에 관한 여성혐오주의적 개념에서 기인하여 이를 지지하는 신화의 한 예가 된다.

페미니즘(들)feminism(s) 사회 내에서 여성들의 상황을 개선하려는 '여성운동'의 이론적이고 정치적인 측면/요소. 비록 여성의 공적 활동은 그것을 연구하는 맥락에 따라 해석이 달라지긴 했지만, 페미니즘은 역사적으로 반복되는 현상이다. 현대의 영미계 페미니스트 역사가들은 중세 후기 교회에서 여성 단체(베긴 수녀회)의 발전을 두고 페미니즘적 동기가 있는 운동으로 해석하는 경향을 보인다. 세속적인 차원에서는, 중세 후기 크리스틴 드 피잔(Christine de Pizan)의 작품들을 페미니스트 글쓰기로 간주한다. 이와 마찬가지로, '프레시오지테'를 17세기식 페미니즘으로 볼 수 있지만, 여성의 법적 권리와 참정권을 요구한 18, 19세기 사회운동가와 유명 인사들이야말로 20세기 페미니즘의 확실한 선구자다. 페미니즘의 '제2의 물결'은 일반적으로 1960년대에 시작되어 20세기 후반에 막대한 영향을 끼친 행동주의를 말한다. 오늘날 '페미니즘들'이라는 복수형은 이 용어가 내포하는 서로 다른 다양한 유형의 정치적 사상과 행동주의를 인식하기 위해 사용된다.

페미니즘의 시대'era of feminism' 이 용어는 페미니즘적 행위의 마지막 30년과, 이러한 행위로 조성된 생산적이고 (여성을) 지지하는 분위기를 일컫는 데 사용된다.

해체하다deconstruct 분해하다. 혹은, 떼어내다. 현대 문학비평에서 '해체하다', 특히 '해체'라는 용어는 주로 철학자 자크 데리다에서 유래한 현대 프랑스 철학 사상의 적용을 의미하는데, 이러한 사상은 종전까지 의심의 여지없는 사실로 간주되던 개념들을 약화시키고 분리시킨다.

참고문헌

쉽게 참조할 수 있도록 특별히 젠더와 번역의 이슈를 다루는 문헌
에는 별표 표시가 되어있고 필요한 경우 간략한 주석을 포함시켰다.

Alarcón, Norma (1983) 'Chicana's Feminist Literature: A Re-Vision
　　Through Malintzin/ or Malintzin: Putting Flesh Back on the
　　Object', in Cherrie Moraga and Gloria Anzaldúa (eds) *This
　　Bridge Called My Back. Writings by Radical Women of Color*,
　　New York: Kitchen Table, Women of Color Press, 182-90.

Alarcón, Norma (1989) 'Traddutora, Traditora: A Paradigmatic Figure
　　of Chicana Feminism', *Cultural Critique*, Fall Issue: 57-87.

Alcoff, Linda (1994) 'Cultural Feminism versus Post-Structuralism:
　　The Identity Crisis in Feminist Theory', in Nicholas B. Dirks,
　　Geoff Eley and Sherry B. Ortner (eds) *A Reader in Contemporary
　　Social Theory*, Princeton, N.J.: Princeton University Press, 96-122.

* *An Inclusive Language Lectionary* (1983) Philadelphia: Westminster
　　Press.

Ankum, Katharina von (1993) 'The Difficulty of Saying 'I': Translation and Censorship of Christa Wolf's *Der geteilte Himmel*', *Studies in 20th Century Literature* 17(2): 223-41.

* Arrojo, Rosemary (1994) 'Fidelity and the Gendered Translation', *TTR* 7(2): 147-64.

* Arrojo, Rosemary (1995) 'Feminist 'Orgasmic' Theories of Translation and their Contradictions', *TradTerm* 2: 67-75. *A critical response to Susan Bassnett's 1992 text on questions of gender and translation.*

Banting, Pamela (1992) 'Body Inc.: Daphne Marlatt's Translation Poetics', in Janice Williamson (ed) *Holic/Hilac. Women's Writing and the Literary Tradition*, Edmonton, Alberta: Research Institute for Comparative Literature, University of Alberta, 1-19.

Barnard, Mary (1958) *Sappho. A New Translation* (Foreword by Dudley Fitts), Berkeley, CA: University of California Press.

Barthes, Roland (1973) *Le plaisir du texte*, Paris: Editions du Seuil.

* Bassnett, Susan (1992) 'Writing in No Man's Land: Questions of Gender and Translation', Ilha Do Desterro, *Studies in Translation* 28: 63-73. 바스넷은 70년대 후반에 급성장하는 번역학에 젠더 이슈를 결합시키고 있다.

Batchelor, Jane (1995) 'Changing the Agenda: Gender Consciousness in Relation to Louise Labé's Sonnets', Papre presented at the EST Congress in Prague, September 1995.

Beauvoire, Simone de (1949) *Le Deuxième Sexe*, Paris: Gallimard, trans. By Howard Parshley as *The Second Sex*, New York: Knopf, 1952.

Beauvoire, Simone de (1954) *Les Mandarins*, Paris: Gallimard, trans. By Leonard Friedman as *The Mandarins*, Cleveland: World Publishing, 1956.

Berman, Antoine (1995) *Pour une critique de la traduction*: John Donne, Paris: Gallimard.

Bersianik, Louky (1976) *L'Euguelionne*, Montreal: Stanké, trans. By Howard Scott as L'Eugelion, Montreal: Alter Ego Press, 1997.

Bonner, Maria (1985) 'Norwegalitanisch und deutegalitanisch: Zur Sprache in Egalias dotre und *Die Töchter Egalias*', in Heinrich Beck (ed) *Arbeiten zur Skandinavistik*, Frankfurt: Peter Lang.

Boucher, Denise (1979) *Les fées ont soif*, Montreal: Éditions Intermède, trans. By Alan Brown as *The Fairies are Thirsty*, Vancouver: Talonbooks, 1982.

Bourjea, Michelle (1986) 'Agua Viva, au fils des mots. Analyse critique de la traduction en français de *Agua Viva* de Clarice Lispector', *Meta* 31(3): 258-71.

* Bratcher, R. G. (1991) 'Male-Oriented Language Orignated by Bible Translators', in H. M. Orlinsky and R. G. Bratcher (eds) *A History of Bible Translation and the North American Contribution*, Atlanta: Scholars Press.

Brod, Harry (ed) (1987) *The Making of Masculinities: The New Men's Studies*, Boston: Allen and Unwin.

Brossard, Nicole (1977) *L'Amèr ou le chapitre effrité*, Montreal: Quinze.

Brossard, Nicole (1980) *Amantes*, Montreal: Quinze, trans. By Barbara Godard as *Lovhers*, Montreal: Guernica Editions, 1986.

Brossard, Nicole (1985) *La lettre aérienne*, Montreal: Les éditions du remueménage, trans. By Marlene Wilderman as *The Aerial Letter*, Toronto: The Women's Press, 1988.

Brossard, Nicole (1987) *Sous la Langue*, trans. By Susanne de Lotbinière-Harwood as *Under Tongue*, Montreal, L'Essentielle (bilingual edition).

Butler, Judith (1990) *Gender Trouble. Feminism and the Subversion of Identity*, London&New York: Routledge.

Cameron, Deborah (1985) *Feminism and Linguistic Theory*, Houndsmill, Basingstoke: The Macmillan Press.

Carson, Anne (1986) *Eros the Bittersweet*, Princeton, N.J.: Princeton University Press.

* Chamberlain, Lori (1988/1992) 'Gender and the Metaphorics of Translation', Signs 13: 454-72; reprinted in Lawrence Venuti (ed) *Rethinking Translation. Discourse, Subjectivity, Ideology*, London & New York: Routledge, 1992, 57-74. 번역에 관한 논의가 전통적으로 표현된 가부장적 은유를 상술하고 있음.

Cixous, Hélène (1975) 'Le rire de la Méduse', *L'Arc* 61: 39-54, trans. By Keith Cohen and Paula Cohen as 'The Laugh of the Medusa', *Signs: Journal of Women in Culture and Society* 1(4): 875-93, 1976.

Cixous, Hélène, Madeleine Gagnon and Annie Leclerc (1977) *La Venue à l'écriture*, Paris: Union générale d'édition.

Collins, Gina Michelle (1984) 'Translating a Feminine Discourse: Clarice Lispector's Agua Viva', in Marilyn Gaddis Rose (ed) *Translation Perspectives. Selected Papers* 1982-1983. Binghamton: SUNY Binghamton, 119-124.

Cordero, Anne D. (1990) 'Simone de Beauvoire Twice Removed', *Simone de Beauvoir Studies* 7: 49-56.

Cypress, Sandra Messinger (1991) *La Malinche in Mexican Literature: From History to Myth*, Austin: University of Texas Press.

Daly, Mary (1978) *Gyn/Ecology. The Metaethics of Radical Feminism*, Boston: Beacon Press, trans. By Erika Wisselinck as *Gyn/Ökologie, eine Meta-Ethik des radikalen Feminismus*, München: Frauenoffensive, 1980.

Daly, Mary and Jane Caputi (1987) *Websters' First New Intergalactic Wickedary of the English Language*, Boston: Beacon Press.

Damjanova, Ludmila (1993) 'Umgang mit Weiblichkeit in Sprichwörtern und in alltagssprache (anhand von Beispielen aus dem Spanischen, Russischen, Bulgarischen und Deutschen)', paper presented at the München Linguistik Tage, March 1993.

Davidson, Cathy N. (1994) 'Loose Change: Issues and Controversies in Women's Studies and American Studies', in G. Blaicher and B. Glaser (eds) *Anglistentag: Proceedings*, Tübingen: Niemeyer, 158-68.

DeJulio, Maryann (1994) 'On Translating Olympe de Gouges', in Doris Kadish and Françoise Massardier-Kenney (eds) *Translating Slavery: Gender and Race in French Women's Writing, 1783-1823*, Kent, Ohio: Kent State University Press, 125-34.

Del Castillo, Adelaide R. (1977) 'Malintzin Tenépal: A Preliminary Look into a New Perspective', in Rosaura Sánchez and Rosa Martinez Cruz (eds) *Essays on la Mujer*, Los Angeles: UCLA, Chicano Studies Centre, 124-49.

* Delisle, Jean (1993) 'Traducteurs médiévaux, traductrices féministes: une même éthique de la traduction?', *TTR* 6(1): 203-230.

Derrida, Jacques (1985) 'Des Tours de Babel', in Joseph F. Graham (ed) *Difference in Transaltion*, Ithaca, N.Y.: Cornell University Press, 165-248.

* Diaz-Diocaretz, Miriam (1985) *Translating Poetic Discourse: Questions on Feminist Strategies in Adrienne Rich*, Amsterdam & Philadelphia: John Benjamins.

Duras, Marguerite (1980) 'An Interview', in Elaine Marks and Irene de Courtivron (eds) *New French Feminisms*, trans. By Susan Husserl-Kapit, Amherst: University of Massachusettes Press, 174-76.

Eisenstein, Hester (1983) 'Introduction', in H. Eisenstein and A. Jardine (eds) *The Future of Difference*, New Brunswick, N.J.: Rutgers University Press, xv-xxiv.

* Ellingworth, P. (1987) 'Translating the Bible Inclusively', *Meta* 32(1): 46-54.

* Ellingworth, P. (1992) 'The Scope of Inclusive Language', *The Bible Translator* 43: 130-40.

Felski, Rita (1989) *Beyond Feminist Aesthetics. Feminist Literature and Social Change*, Cambridge, Mass.: Harvard University Press.

Fisken, Beth Wynne (1985) 'Mary Sidney's *Psalmes*: Education and Wisdom', in Margaret Patterson Hannay (ed) *Silent but for the Words. Tudor Women as Patrons, Translators, and Writers of Religious Works*, Ohio: The Kent State University Press, 166-83.

* Flotow, Luise von (1991) 'Feminist Translation: Contexts, Practices, Theoris', *TTR* 4(2): 69-84.

* Flotow, Luise von (1991) ' Québec's 'Értiture au féminin' and Translation Politicized', in F. Eguiloz, R. Merino et al. (eds) *Transvases Culturales: Literature, Cine, Traduccion*, Vitoria, Spain: Facultad de Filologia, Universida del Pais Vasco, 219-29.

Flotow, Luise von (1995) 'Transaltign Women of the Eighties: Eroticism, Anger, Ethnicity', in Sherry Simon (ed) *Culture in Transit: Translating the Literature of Quebec*, Montreal: Véhicule Press, 31-46.

* Flotow, Luise von (1996a) 'Weiblichkeit, Zweisprachigkeit und Übersetzung: Kanada', in Johan Strutz and Peter Zima (eds) *Literarische Polyphonie*, Tübingen: Günter Narr, 123-36.

* Flotow, Luise von (1996b) 'Legacies of *écriture au féminin*: Biblingual Transformances, Translation Politicized, Subaltern Versions of the Text of the Street', *Journal of Canadian Studies*,

Spring Issue: 88-109.

* Flotow, Luise von (1997) 'Mutual Pun-ishment? The Translation of Feminist Wordplay: Mary Daly's *Gyn/Ecology* in German', in Dirk Delabastita (ed) *Traductio: Essays on Punning and Translation*, Manchester: St. Jerome Publishing & Namur: Presses Universitaires de Namur.

* Freiwald, Bina (1991) 'The Problem of Trans-Lation: Reading French Feminism', *TTR* 4(2): 55-68.

Funk, Nanette and Magda Mueller (eds) (1993) *Gender Politics and Post-Communism*, London & New York: Roudtledge.

Gaboriau, Linda (trans.) (1979) *A Clasch of Symbols*, Toronto: The Coach House Press; translation of *La nef des sorcières* by Marthe Blackburn, Nicole Brossard et al, Montreal: Quinze, 1976.

* Gillam, Robyn (1995) 'The Mauve File Folder: Notes on the Translation of Nicole Brossard', *Paragraph* 16: 8-12.

Gilligan, Caro (1982) *In a Different Voice: Psychological Theory and Women's Development*, Cambridge, Mass.: Harvard University Press.

Gillman, Richard (1988) 'The Man Behind the Feminist Bible', *The New York Times Book Review*, May 22.

* Godard, Barbara (1983) 'Translator's Preface', *These Our Mothers*, Toronto: Coach House Press; translation of Brossard (1977).

* Godard, Barbara (1984) 'Translating and Sexual Difference', *Resources for Feminist Research*, 13(3): 13-16.

* Godard, Barbara (1986) 'Translator's Preface', *Lovhers*, Montreal: Guernica Editions; translation of Brossard (1980).

* Godard, Barbara (1990) 'Theorizing Feminist Discourse/Translation', in Susan Bassnett and André Lefevere (eds) *Translation, History, Culture*, London: Pinter Publishers. 본 논문은 여성들의 이중언어 와 번역에서 발생하는 언어들의 이중화 간의 연계를 수립한다.

* Godard, Barbara (1991a) 'Translator's Preface', *Picture Theory*, Montreal: Guernica Eidtions; translation of Nicole Brossard's *Picture Theory*, Montreal: Éditions Nouvelle Optique, 1982 (revised edition Montral: L'Hexagone, 1989).

* Godard, Barbara (1991b) 'Translating Translating Traslation', preface to *The Tangible Word*, and anthology of work by France Théoret, Montreal: Guernica Eidtions.

* Godard, Barbara (1991c) 'Translating (With) the Speculum', *TTR* 4(2): 85-121.

* Godard, Barbara (1995) 'Negotiating Relations', *Paragraph* 17: 39-40.

Goga, S. (1993) *Emanzipation und weibliches Selbstverständnis In Charlotte Brontes "Jane Eyre" und ausgewählten deutschen Übersetzungen*, masch. MA Thesis: University of Düsseldorf.

Goldberger, Avriel H. (1990) 'Germaine de Staël, *De l'esprit des traductions*: réflexions d'une trductrice', *Le Groupe de Coppet et l'Europe 1789-1830, Actes de 5ᵉ Colloque de Coppet*, Tübingen 8-10 juillet 1993, Lausanne: Institut Benjamin Constant & Paris: J. Touzot.

* Gooze, Marjanne E. (1995) 'A Language of Her Own: Bettina Brentano-von Arnim's Translation Theory and Her English Translation Project', in Elke Frederiksen and Katerine R. Goodman (eds) *Bettina Brentano-von Arnim: Gender and Politics*, Detroit: Wayne State University Press, 278-303.

Hamm, Maggie (1987) 'Translation as Survival: Zora Neale Hurston and La Malincha', *Fiction International* 17(2): 120-29.

* Hannay, Margaret Patterson (ed) (1985) *Silent But for the Word: Tudor Women as Patrons, Translators, and Writers of Religious Works*, Kent: Kent State University Press. An anthology that

Harel, Michal (1993) *La Transposition de l' "Ecriture féminine" du français à l'hébreu*, Mémoire de maîtrise, Tel Aviv: University of Tel Aviv.

* Haugerud, Joann (1977) *The Word for Us, Gospels of John and Mark, Epistles to the Romans and the Galatians*, Seattle: Coalition of Women in Religion. 성경 번역에서 젠더 이슈를 다룬 중요한 연구.

Hoefkens, Ivo R. V. (1994) 'Marguerite Yourcenar, traductrice', *Babel* 40(1): 21-37.

Irigaray, Luce (1977) *Ce sexe qui n'en est pas un*, Paris: Les éditions de minuit.

Johnson, Barbara (1985) 'Taking Fidelity Philosophically', in Joseph F. Graham (ed) *Difference in Translation*, Ithaca & London: Cornell Universtiry Press, 142-47.

* Jouve, Nicole Ward (1991) *White Woman Speaks With Forked*

Tongue: Criticism as Authobiography, London: Routledge.

* Kadish, Doris and Françoise Massardier-Kenney (eds) (1994) *Translating Slavery: Gender and Race in French Women's Writing, 1783-1823*, Kent: Kent State University Press. 불어 원천 텍스트와 영역본 모음집으로 번역의 실천에 있어서 젠더와 인종, 페미니스트 정치 등의 이슈를 다루는 논문이 함께 수록되어 있음.

Kamuf, Peggy (ed) (1991) *A Derrida Reader. Between the Blinds*, Hemel Hempstead: Harvester Wheatsheaf.

Kaplan, Cora (1976) 'Language and Gender', *Essays on Culture and Feminism*, London: Verso, 69-93.

Kaufman, Michael (ed) (1987) *Beyond Patriarchy: Essays by Men on Pleasure, Power and Change*, New York: Oxford University Press.

Keefe, Terry (1994) 'Another Silencing of Beauvoir. Guess what's missing this time?', *French Studies* 50 (Spring Supplement): 18-29.

Klaw, Barbara (1995) 'Sexuality in Beauvoir's *Les mandarins*', in Margaret A. Simons (ed) *Feminist Interpretations of Simone de Beauvoir*, University Park, Pennsylvania: The Pennsylvania State University Press, 193-222.

Koerner, Charlotte (1984) 'Divided Heaven－A Sacrifice of Message and Meaning in Translation', *Germanic Quarterly* 57(4): 213-30.

Kolias, Helen Denidrou (trans.) (1989) *My Story* (translation of 1881 original by Elizavet Moutzan-Martinengou), Athens: University of

Georgia Press.

* Kolias, Helen Denidrou (1990) 'Empowering the Minor: Translating Women's Autobiography', *Journal of Modern Greek Studies* 8: 213-21.

* Krontiris, Tina (1992) *Oppositional Voices: Women as Writers and Translators of Literature in the English Renaissance*, London & New York: Routledge.

Lamb, Mary Ellen (1985) 'The Cooke Sisters: Attitudes toward Learned Women in the Renaissance', in Margaret Patterson Hannay (ed) *Silent but for the Word. Tudor Women as Patrons, Translators, and Writers of Religious Works*, Kent, Ohio: The Kent State University Press, 107-125.

Lattimore, Richard (ed/trans) (1949/1960) *Greek Lyrics*, Chicago: University of Chicago Press.

Lefevere, André (1992) *Translation, Rewriting and the Manipulation of Literary Fame*, London & New York: Routledge.

* Levine, Suzanne Jill (1983/1992) 'Translation as (Sub)Version: On Translating *Infante's Inferno*', *SubStance* 42: 85-94. Reprinted in Lawrence Venuti (ed) *Rethinking Translation Discourse, Subjectivity, Ideology*, London & New York: Routledge, 75-85. 현대 여성 번역가를 '공격적인' 담화의 패러디스트라는 역할에 위치시킨 최초의 텍스트 중 하나.

* Levine, Suzanne Jill (1991) *The Subversive Scribe: Translating Latin American Fiction*, Minneapolis, Minn.: Greywolf Press.

Lewis, Reina (1996) *Gendering Orientalism*, London & New York: Routledge.

* Littau, Karin (1995a) 'Refractions of the Feminine: The Monstrous Trans-formations of Lulu', *Modern Language Notes* 110(4): 888-912.

Littau, Karin (1995b) 'Pandora's Tongues', paper presented at the EST Congress in Prague, September 1995.

Lobb, Frances (ed/trans) (1950) *The Twenty-Four Sonnets: Louise Labé, La Belle Cordière*, London: Euphorion Press.

Lorde, Audre (1981) 'The Master's Tools Will Never Dismantle The Master's House', in Cherrie Moraga and Gloria Anzaldúa (eds) *This Bridge Called My Back. Writings by Radical Women of Color*, New York, Kitchen Table: Women of Color Press.

* Lotbinière-Harwood, Suzanne de (1986) 'Translating Nicole Brossard', *Writing Magazine* 16:36-41.

* Lotbinière-Harwood, Suzanne de (1989) 'About the *her* in other', Preface to *Letters from an Other* by Lise Gauvin, Toronto: The Women's Press.

* Lotbinière-Harwood, Suzanne de (1991) *Re-Belle et Infidèle. La Traduction comme pratique de réécriture au féminin/The Body Bilingual. Translation as a Rewriting in the Feminine*, Toronto: The Women's Press & Montreal: les éditions du remue-ménage. 젠더 이슈가 번역에 영향을 미치는 여러 가지 방법에 대한 종합적이고 실무 기반의 기술적인 설명.

* Lotbinière-Harwood, Suzanne de (1994) 'Acting the (Re)Writer: a feminist translator's practice of space', *Fireweed* 44/45: 101-110.

Lotbinière-Harwood, Suzanne de (1995) 'Geo-graphies of Why', in Sherry Simon (ed) *Culture in Transit*, Montreal: Véhicule Press.

* Maier, Carol (1985) 'A Woman in Translation, Reflecting', *Translation Review* 17: 4-8.

* Maier, Carol (1992) 'Women in Translation: Current Intersections, Theory, Practice', *Delos* 5(2): 29-39.

* Maier, Carol and Françoise Massardier-Kenney (1996) 'Gender in/and Literary Translation', in Marilyn Gaddis Rose (ed) *Translation Horizons. Beyond the Boundaries of 'Translation Spectrum'* (Translation Perspectives IX), Binghamton: SUNY Binghamton, Center for Research in Translation, 225-42.

Marks, Elaine and Isabelle de Courtivron (eds) (1980) *New French Feminisms. An Anthology*, Amherst: The University of Massachusettes Press.

* Marlatt, Daphne (1989) 'Translating Mauve: Reading Writing', *Tessera* 6: 27-30.

Massardier-Kenney, Françoise (1994) 'Translation Theory and Practice', in Doris Kadish and Françoise Massardier-Kenney (eds) *Translating Slavery: Gender and Race in French Women's Writing, 1783-1823*, Kent, Ohio: Kent State University Press, 11-25.

McClintock, Anne (1995) *Imperial Leather: Race, Gender and Sexuality in the Colonial Contest*, London & New York: Routledge.

* Meurer, S. (ed) (1993) *Die vergessenen Schwestern. Frauengerechte Sprache in der Bibelübersetzung*, Stuttgart: Deutsche Bibelgesellschaft.

* Mezei, Kathy (1986) 'The Question of Gender in Translation: Examples from Denise Boucher and Anne Hébert: A Corollary to Evelyne Voldeng's 'Trans/lata/latus'', *Canadian Fiction Magazine* 57: 136-41.

Miller, Barbara Stoler, Nabaneeta Dev Sen and Agueda Pizarro de Rayo (1978) 'Splitting the Mother Tongue: Bengali and Spanish Poems in English Translations', *Signs* 3(3): 608-621.

Miller, Casey and Kate Swift (1976) *Words and Women: New Language in New Times*, Garden City, NY: Anchor Press.

Mirandé, Alfredo and Evangelina Enríquez (1979) *La Chicana. The Mexican-American Woman*, Chicago & London: The University of Chicago Press.

Mohanty, Chandra T. (1984) 'Under Western Eyes: Feminist Scholarship and Colonial Discourses', *Boundary* 2 12(3) and 13(1): 333-58.

Moraga, Cherrie and Gloria Anzaldúa (eds) (1983) *This Bridges is Called My Back: Writings by Radical Women of Color*, New York: Kitchen, Table, Women of Color Press.

Morgan, Robin (1968) *Going Too Far. The Personal Chronicle of a Feminist*, New York: Random House.

Newmark, Peter (1991) *About Translation*, Clevedon: Multilingual Matters.

Nida, Eugene (1995) 'Names and Titles', unpublished manuscript.

Niedzwiecki, Patricia (1993) 'Women and Language', *Cahier des Femmes d'Europe* 40: 1-31.

* Nölle-Fischer, Karen (1995) 'Können weibliche Schreibweisen Bewegung in die Geschlechterbeziehungen bringen?', *Der Übersetzer* 29(1): 1-8.

O'Connell, Eithne (1995) 'Twice Marginalized: The Translation of Contemporary Irish Women's Poetry', paper presented at the EST Congress in Prague, September 1995.

O'Leary, Veronique and Louise Toupin (eds) (1982) *Québécoises deboutte*, 2 volumes, Montreal: les éditions du remue-méange.

Orlinksy, H. M. and R. G. Bratcher (eds) (1991) *A History of Bible Translation and the North American Contribution*, Atlanta: Scholar Press.

Panofsky, Dora and Erwin Panofsky (1962) *Pandora's Box: The Changing Aspects of a Mythical Symbol*, New York: Pantheon Book.

* Parker, Alice (1993) 'Under the Covers: A Synaesthesia of Desire (Lesbian Translations)', in Susan J. Wolfe and Julia Penelope (eds) *Sexual Practice, Textual Theory: Lesbian Cultural Criticism*, Cambridge & Oxford: Blackwell, 322-39.

Patterson, Yolande (1992) 'Who was this H. M. Parshley? The Saga of Translating Simone de Beauvoir's The Second Sex', *Simone de Beauvoir Studies* 9: 41-47.

* Penrod, Lynn K. (1993) 'Translating Hélène Cixous: French Feminism(s) and Anglo-American Feminist Theory', *TTR* 6(2): 39-54.

Peretz, Maya (1992) 'A Feminist Poet and her Male Translator: A Case Study', *Trabalhos en Linguistica Aplicada* 19: 41-47.

* Porter, Catherine (1987) 'Translating French Feminism: Luce Irigaray's *Ce Sexe qui n'en est pas un*', in Marilyn Gaddis Rose (ed) *Translation Perspectives III. Selected Papers*, 1985-86. Binghamgton: SUNY, Binghamton, 40-52.

Prescott, Anne Lake (1985) 'The Pearl of the Valois and Elizabeth I: Marguerite de Navarre's *Miroir* and Tudor England', in Margaret Patterson Hannay (ed) *Silent but for Word. Tudor Women as Patrons, Translators, and Writers of Religious Works*, Kent, Ohio: The Kent State University Press, 61-76.

* Prins, Yopie (1999) 'Sappho's Afterlife in Translation', in E. Greene (ed) *Rereading Sappho: Reception and Transmission*, Berkely: University of California Press.

Prokosch, Frederick (ed/trans) (1947) *Love Sonnets by Louise Labé*, New York: New Directions.

Prudhoe, John (trans.) (1979) *Torquarto Tasso*, Manchester: Manchester University Press.

* Pusch, Luise (1984) 'Eine männliche Seefrau! Der blödeste Ausdruck

seit Wibschengedenken. Über Gerd Brantenbergs *Die Töchter Egalias'*, in *Das Deutsche als Männersprache*, Frankfurt: Suhrkamp, 69-75.

* Pusch, Luise (1990) 'Mary, please don't pun-ish us any more! Mary Daly, die Sprach und die deutschsprachige Leserin', in *Alle Menschen werden Schwestern*, Frankfurt: Suhrkamp, 104-111.

Raschkow, I. N. (1990) *Upon the Dark Places. Anti-Semitism and Sexism in English Renaissance Biblical Translation*, Sheffield: Academic Press.

Rayor, Diane (1991) *Sappho's Lyre. Archaic Lyric and Women Poets of Ancient Greece,* Berkeley: University of California Press.

Rayor, Diane (1992) 'Translating Sappho: Who Speaks?', unpublished paper, MLA conference.

* Reiß, Katharina (1993) 'Frauengerechte Sprache?', in S. Meurer (ed) *Die vergessenen Schwestern: Frauengerechte Sprache in der Bibelüber-setzung*, Stuttgart: Deutsche Bibelgesellschaft, 37-52.

* Robinson, Douglas (1995) 'Theorizing Translation in Woman's Voice: Subverting the Rhetoric of Patronage, Courtly Love and Morality', *The Translator* 1(2): 153-75.

Rosaldo, Michelle (1980) 'The Use and Abuse of Anthropology: Reflections on Feminism and Cross-Cultural Understanding', *Signs: Journal of Women in Culture and Society* 5(3): 389-417.

Schmitt, J. J. (1992) 'God's Wife: Some Gender Reflections on the Bible and Biblical Interpretation', in L. A. M. Perry, L. H. Turner and H. M. Sterk (eds) *Constructing and Reconstructing Gender: The Links Among Communication, Language and Gender*, New York: State University of New York Press. 269-81.

Schreck, N. and M. Leech (1986) *Psalms Anew: In Inclusive Language*, Winona, MN: Saint Mary's Press.

Scott, Gail (1989) 'Red Tin + White Tulle. On Memory and Writing', in *Spaces Like Stairs*, Toronto: The Women's Press, 15-27.

Scott, Howard (1984) 'Louky Bersianik's *L'Euguelionne*: Problems of Translating the Critique of Language in New Quebec Feminist Writing'. Unpublished Master's thesis, Montreal: Concordia University.

* Scott, Howard (1989) 'Translator's Introduction', *Lair*, Toronto: Coach House Press; translation of *Antre* by Madeleine Gagnon, Montreal: Editions du remue-ménage.

Scott, Nina M. (1988) ''If you are not pleased to favor me, put me out of your mind…' Gender and Authority in Sor Juana Inés de la Cruz: And the Translation of Her Letter to the Reverend Father Maestro Antonio Nunez of the Society of Jesus', *Women's Studies International Forum* 11(5): 429-38.

Showalter, Elaine (ed) (1986) *The New Feminist Criticism. Essays on Women, Literature and Theory*, London: Virago Press.

* Simon, Sherry (ed) (1995) *Culture in Transit. Translating the Literature of Quebec*, Montreal: Vehicule Press.

* Simon, Sherry (1996) *Gender and Translation. Culture and Identity and the Politics of Transmission*, London & New York: Routledge. 대체로 영미권 상황에 초점을 두고 번역의 다양한 유형에서 젠더 이슈를 다룬 최초의 종합적인 연구.

* Simons, Margaret (1983) 'The Silencing of Simone de Beauvoire: Guess What's Missing from The Second Sex', *Women's Studies International Forum*: 6(5): 559-64.

Simons, Margaret (ed) (1995) *Feminist Interpretations of Simone de Beauvoire*, University Park, Pennsylvania State University Press.

Sirios, Andrée (1997) *Les femmes dans l'histoire de la traduction: domaine français de la Renaissance au 20e siècle*, MA Thesis, Ottawa: University of Ottawa.

Spender, Dale (1980) *Man Made Language*, New York & London: Routledge & Kegan Paul.

* Spivak, Gayatri Chakavorty (1988) *In Other Worlds: Essays in Cultural Politics*, New York & London: Routledge.

* Spivak, Gayatri Chakavorty (1992) 'The Politics of Translation', in Michèle Barrett and Anne Phillips (eds) *Destabilizing Theory*, Stanford: CA: Stanford University Press.

* Stark, Suzanne (1993) 'Women and Translation in the Nineteenth Century', *New Comparison* 15: 33-44.

Stefan, Verena (1975) *Häutungen*, München: Frauenoffensive, trans. By Johanna Moore and Beth Weckmueller as Shedding, New York: Daughters Publishing, 1978; reprinted in Verena Stefan

Shedding and Literally Dreaming, New York: The Feminist Press at the City University of New York, 1994.

Steiner, George (1975) *After Babel. Aspects of Language and Translation*, Oxford: Oxford University Press.

Tharu, Susie and K. Lalita (eds) (1991/1993) *Women Writing in India*, Vols. 1 and 2, New York: The Feminist Press at the City University of New York.

Thill, Beate (1995) 'Translation and Female Identity', paper presented at the EST Congress in Prague, September 1995.

Thorne, Barrie, Cheris Kramarae and Nancy Henley (eds) (1983) *Language, Gender and Society*, Rowley, Mass.: Newbury House.

Tolbert, M. (1990) *Language about God in Liturgy and Scripture. A Study Guide*, Philadelphia: Fortress Press.

* Tostevin, Lola Lemire (1989) 'Contamination: A Relation of Differences', *Tessera* 6: 13-14.

Trible, Ph. (1973) 'Depatriarchalizing in Biblical Interpretation', *Journal of the American Academy of Religion* 41: 30-48.

Trible, Ph. (1978) *God and the Rhetoric of Sexuality. Overtures to Biblical Theology*, Philadelphia: Fortress Press.

Tröml-Plötz, Senta (1982) *Frauensprache: Sprache der Veränderung*, Frankfurt: Fischer.

Vanderauwera, Ria (1985) *Dutch Novels Translated into English. The Transformation of a 'Minority' Literature*, Amsterdam: Rodopi.

Venuti, Lawrence (ed) (1992) *Rethinking Translation. Discourse,*

Subjectivity, Ideology, London & New York: Routledge.

Verbrugge, Rita (1985) 'Margaret More Roper's Personal Expression in the Devout *Treatise Upon the Pater Noster*', in Margaret Patterson Hannay (ed) *Silent but for the Word. Tudor Women as Patrons, Translators, and Writers of Religious Works*, Kent, Ohio: The Kent State University Press, 30-42.

* Voldeng, Evelyne (1984) 'Translata/Translatus', *Room of One's Own* 8(4): 82-96.

* Voldeng, Evelyne (1985) 'The Elusive Source Text' (Review of *These Our Mothers* by Nicole Brossard, trans. By Barbara Godard), *Canadian Literature* 105: 138-39.

Vries, Anneke de (1996) 'Scheef licht: Gender-stereotypen in vertalingen van Richteren 4', *Filter, Tijdschrift voor vertalenen vertaalwetenschap* 3(1): 44-53. [False Light: Gender stereotypes in (Dutch) translations of Judges 4]

Vries, Anneke de (1997a) 'Meisje, duifje, zusje, schaapje. Gender-stereotypen in vertalingen van Hooglied', *Tijdschrift voor Vrouwenstudies* 69(1): 49-60. [Little girl, little dove, little sister, little sheep. Gender stereotypes in (Dutch) translations of the Song of Songs]

Vries, Anneke de (1997b) 'A Matter of Life and Death: Gender Stereotypes in Some Modern Dutch Biblical Translation', in *Translation as Intercultural Communication. Selected Papers from the EST Congress, Prague 1995*, Amsterdam & Philadelphia: John

Benjamins.

* Wildemann, Marlene (1989) 'Daring Deeds: Translation as Lesbian Feminist Language Act', *Tessera: La traduction au féminin, Translating Women* 6: 31-41.

Wilson, Katharina (ed) (1988) *Women Writers of the Renaissance and Reformation*, Athens, GA: University of Georgia Press.

Wittig, Monique and Sande Zeig (1981) *Borrador para un dictionario de las amantes: Draft of a Dictionary for Lovers*, New York: French and European Publications.

Wolf, Christa (1963) *De Geteilte Himmel*, Halle: Mitteldeutscher Verlag, trans. By Joan Becker as *Divided Heaven*, East Berlin: Seven Seas Verlag, 1965. Translation reprinted New York: Adler's Foreign Books, 1981.

* Zwarg, Christina (1990) 'Feminism in Translation: Margaret Fuller's Tasso', *Studies in Romanticism* 29: 463-90.

학술지 특별호

Tessera (1989) 'La Traduction au féminin/Translating women'.

Yale French Studies (1981) 'Feminist Readings: French Texts /American Contexts'.

찾아보기

지은이 **루이즈 폰 플로토우(Luise von Flotow)**

미국 미시건대학교에서 박사학위를 취득한 후 1995년부터 캐나다 오타와대학교에서 전임교수이자 통번역대학원 학장으로 재직 중이다. 주 저서로는 『번역과 젠더: 페미니즘 시대의 번역』(*Translation and Gender: Translating in the 'Era of Feminism'*, 1997), 주 편저서로는 『번역하는 여성들』(*Translating Women*, 2011)이 있다. 문학번역가로도 활동하며 다수의 프랑스, 독일 서적을 영어로 번역, 출간하였다.
관심분야는 번역과 젠더에 관한 정치적·이데올로기적 영향, 영상번역, 문학 번역 등이다.

옮긴이 **김세현**

부산대학교 영어영문학과 번역학 전공 석사
부산대학교 영어영문학과 번역학 전공 박사과정
관심분야는 번역과 젠더, 영상번역이며, 현재 번역과 젠더에 관한 박사학위 논문을 쓰고 있다.

번역과 젠더: 페미니즘 시대의 번역

초판1쇄 발행일 • 2017년 2월 28일
지은이 • 루이즈 폰 플로토우 / 옮긴이 • 김세현 / 발행인 • 이성모 / 발행처 • 도서출판 동인
주소 • 서울시 종로구 혜화로3길 5, 118호 / 등록 • 제1−1599호
Tel • (02) 765−7145~55 / Fax • (02) 765−7165
E−mail • dongin60@chol.com

ISBN 978−89−5506−755−2
정가 13,000원

※ 잘못 만들어진 책은 바꾸어 드립니다.